呆TA去疯

Dai TA Qu Feng

雾连洛 编著

Wuhan University Press
武汉大学出版社

目

录

目录

光涂鸦

很适合两人玩，尤其是情侣
可以随意发挥，增进两人的配合度
需要选光线较暗的地方
（PS：黑夜让人遐思连连）

"来，后面的夜景不错，我帮你照张相。"

"来，我们照个合影。"

"唉，这些照片看上去好单调，而且模糊不清。下次不要晚上出来照相啦。"TA 玩得不爽了，怎么办，怎么办？美丽的夜晚约会难道要砸了？

NO，这可万万不能搞砸！

你只需要拿出手机，把手机灯光打开，让 TA 拿着手机对着照相机镜头在自己的周围画一颗心，这个时候你快速按下快门，保证照出来的相片会让 TA 很满意，并且很惊讶。因为照片上，除了模糊的 TA 之外，TA 还被一颗闪亮的"心"包围着，而这颗心就是 TA 刚用手机画下的心。

这就是现在最流行的光涂鸦！

年幼时我们就已经开始"作画"了，一支铅笔，到处涂鸦，画得很起劲；上学后，有了美术课；再到后来，我们渐渐远离了美术课，便逐渐忘了画图这种单调又需要耐心的事。

光涂鸦的出现，可以让你重新拾起画笔，不需要什么画功，只需发挥你的想象力，即使胡乱地挥动画笔，你都有可能作出一幅让人瞠口结舌的神作，不过这支画笔可不是铅笔，而是能发出光亮的闪光物体！

光涂鸦也被称为光摄影、光绘画，是一种在黑暗环境中利用相机对移动的光源进行长时间曝光而创造出特殊效果的摄影方法。这种摄影方法看似奇特，其实操作很简单——以虚幻的风景为画布，以发光的物体为画笔，再借用普通的数码相机和三脚架就可以做到。

通俗地讲，就是用光来画画，然后利用照相机的曝光时间把这些图案拍摄下来。曝光时间，就是你拿照相机照相，从按下快门到照到相片的那段时间。在这段时间里，用光画出来的图画就可以被拍摄到。这段时间很短，通常只有 30 秒左右。

闪光物品，是光涂鸦里最重要的工具。手电筒、手机灯光、荧光棒，还有 LED 变色彩灯、LED 彩色光棒、LED 单色灯，等等。

建议尽可能地利用彩灯，因为可以画出更亮丽更绚烂的作品。(PS：彩灯在玩具店可以买到，淘宝店里也可以淘到)

有了画笔，当然要有画布。光涂鸦的画布不是纸，不是丝，不是绸，更不是布，而是照相机！传统的胶片相机以及数码相机都可以，胶片相机里的胶卷、数码相机的数码存储就是画布。对于初学者来说，数码相机是最佳选择，它能使拍摄过程更加容易和方便，而且还能随时修正拍摄效果。

此外，还要一个固定相机的东西，因为长时间曝光拍摄最好有一个三脚架，相机才不会抖动，拍出来的图片才更清晰，没有残影。当然，不用三脚架也不是不行，只是出现的残影会大大影响照片的质量。对于光涂鸦的新手来说，不管相机有多烂或多酷，技术是多么的菜鸟级或大师级，三脚架都是必需品。

除此之外，初学者因为不太会跑动拍摄的技巧，容易出现残影，所以要选择没有光源的环境，而且最好穿深色的衣服。当光涂鸦技术提高，并且熟练掌握技巧之后，可以尝试在不是完全漆黑的环境中作画。

找一个晚上光线不太亮的地方，或者白天在黑暗的房子里，带上 TA，两人好好享受一把光涂鸦吧！

光涂鸦的操作非常简单，把相机放于三脚架上，可以一个人按快门，另一个人单纯作画；也可以在按了快门之后，迅速跑到镜头前，两人一起作画。作画也很简单，先想好要画什么，或者想要一起画什么，比如"LOVE"，可以一个人写"LO"，另一个人写"VE"，快门关上之际，双字合璧，你们写的 LOVE 就会出现在照片上，绝对的霓虹灯效果，奇幻无比，超级浪漫。

当然，要保证"画笔"的光线在镜头之内，作画的速度也要很快，控制在一般的曝光时间 30 秒内。

可以在同一场景作许多幅画，用不同颜色的闪光棒作为画笔，再把所有的照片用电脑合成一张照片，那看起来将会多彩多姿，五颜六色，也大气绚烂。

这些照片可以永久保存，因是个人的随意发挥，所以根本不用担心与其他人所作的画雷同，这只是属于你们的——仅此一张。

快点在夜黑风不高的夜晚，给 TA 的身上加一对光彩艳丽的翅膀，或者用光把 TA "劈" 成两半，让你们的照片别具一格！

① 照相机尽量调好模式：曝光模式 M，对焦模式 MF，镜头最好是广角，18mm—55mm 都可以；快门选为 B 门，或快门速度大于 30s 曝光；光圈调为 F11 或更小，感光度调到 ISO 100 或者更低。如果使用简单的数码相机，则调至手动模式，并关闭闪光灯，将曝光时间设置成 30 秒，固定在三脚架上。

② 光涂鸦跟写字不一样，因为光涂鸦要依靠发光物体的光来完成画作，所以一定要倒转过来写，类似于木版雕刻。对于入门级玩家来说，要反复试验，才能使线条完整流畅。在光线暗淡的地方作画时，诀窍是将感光度调至最低，让曝光时间延迟到最长，这样的影像效果会更有层次感。

③ 可以利用组合工具，让拍出来的照片更真实更多样化。单色透明胶片、玻璃瓶、胶瓶以及棱镜等一些能与光线产生先反应的物品，都可以作为发光体的组合工具来使用。有颜色的玻璃瓶、胶瓶等在生活中很容易找到的，比如绿茶瓶子、雪碧瓶子，不过，这些都需要是透明的。只要将手电筒放在瓶底，照着瓶身，两样东西一起晃动，就可以出现被折射过的绚丽光线。

④ 由于多在夜晚及户外作画，所以要小心来往车辆以及其他危险。

快闪

搞怪，无厘头，刺激

可表现自我，可宣泄青春，找到归属感

需要召集人员，不能随时玩

你有没有做过一些莫名其妙，让人摸不着头脑的事情？有没有过万众瞩目的感觉？相信很多人的答案是：没有！

走在川流不息的街头，是不是有一种完全被人无视的感觉？现代人真的是太忙了，匆匆地走在街头，实在没空也没心情理会其他的人和事。

感觉内心很寂寥吧？心想："居然没人理咱，为什么热闹的街头却只是一张张冷漠生硬的面孔？为什么生活这么没有生气呢？"

你体内的激情因子是不是经常这样暴涨：想要把内心的力量宣泄出来，想要得到更多人的关注，想要抛弃内心的无力感！

那么，赶紧带上 TA 一起来次彻底的宣泄！

约上一群人，一起去某个广场，再拉风地穿同一款衣服，齐声大喊"失恋万岁"，然后带着 TA 很迅速地跑开，消失在广场。让广场上的人颤抖吧，让他们以为自己出现了幻觉吧！

这就是新鲜刺激的游戏——"快闪"！

"快闪"可以说是一种嬉皮行为，也可以说是一种短暂的行为艺术。简单地说，就是一群人，通过网络，或通过短信等一切可以把人召集起来的方法，约定一个指定的、熟悉的地点，在某一个时间点，一起出现并做一件让人意想不到的事情，在旁人还莫名其妙感到震惊的时候迅速消失。

做完就闪，就是"快闪"！当然，所做的事一定不能违法。

如今快闪行为艺术在我们周围也逐渐流行开来，各大媒体也争相报道这一新奇的事物，以引起众人的注意，且有上升的势头。只要虔诚地去感受和对待，人人都可以是生活的艺术家。

"快闪"最早出现在 2003 年 5 月美国纽约的曼哈顿，当时有一个叫比尔的人通过网络召集了 500 人，在纽约时代广场的玩具反斗城中一起朝拜一条机械恐龙，5 分钟之后，五百人又突然迅速地离去，"快闪族"就在这次行动中闻名于世。

"快闪"这一行为发生的时间非常短，仅仅几分钟，有时甚至不到一分钟，所以一个时间精准到秒的时钟是快闪族必备的基本装备。之后需要想一个新鲜好玩的行动，而最难的就是这，行动一定要好玩又让人意想不到，能带给别人惊奇、爆笑和搞怪的感觉。

行动参与者都必须热情高涨，不能胆小害羞，敢在某音像店对店员大喊"给我雪村的《东北人都是活雷锋》CD 五十张"，甚至敢在上下班高峰期的公交车站高喊"XX，你是大蠢猪"。激情是必需的，否则就扫了其他参与者的兴致。

先来了解一下快闪族曾干过一些什么样的行动。

北京某大型商场的广场上，一名年轻男子手持玫瑰突然从路人中走了出来，单膝跪地向一名年轻女孩大声求婚："你愿意嫁给我吗？"随后，人群中又闪出数个年轻人手持玫瑰向该女孩求婚。瞬间，跪在女孩面前求婚的人数多达12人，其中还有3名女子。

"你是用××聊天软件的人吗？我只愿意嫁给这样的人。"女孩大声说道。

半跪在地上的男女们都竞相回答"是"，并和女孩一起大喊该软件的名称。随后，在路人惊讶的表情中，这些年轻人迅速消失。

某家肯德基店前聚齐了30多人，黑压压一片，其中两个年轻人来到店里，走到前台大声询问服务员："请问有盒饭吗？"服务员当时一愣，回答"没有"，于是这两人二话不说，转身离开，店外一群人开始齐声大喊："哦，那我们就去麦当劳了！"说完，黑压压的30多人一起闪速离开，留下顾客和工作人员目瞪口呆。

这也是快闪族的行动，看到这，你应该彻底明白"快闪"是怎么一回事了吧。新奇搞怪，让人目瞪口呆。

要参与"快闪"，先要在同城寻到一群志同道合的快闪同伴。快闪行动，参与者越多越好玩，越容易引人关注，且越刺激。国内已成立了快闪网，为全国多个地区的快闪行动提供了一个交流、展示、互相学习的平台，更吸引了众多志同道合者的参与。

还在为约会方式发愁？不如到网上发布征集令，周末带着TA和一大群人一起去麦当当家高喊"我要吃比萨"，然后在工作人员和其他顾客的一片错愕之中迅速消失！

　　轻轻地我们走了，不带走一片云彩，只留下一片惊诧。

　　PS：快闪还有一种定格快闪，就是一大群人在同一个地方，定格同一个动作好几分钟，这一刻的场景也是很好的纪念。

1　一定要确保快闪行动不违法，要注意不要危害到他人人身财产安全。

2　参与者众多时，谨防混乱场面，注意自身安全。

3　如果遇到不明情况的保安警察之类的就要小心了，要向他们说明是快闪行为。

角色扮演

可以扮演自己所喜欢的动漫人物

享受角色扮演的浪漫

需要花很多时间和精力，费用不低

在新世纪里长大的我们，绝大部分人都是伴随着卡通片长大的。每晚六点，搬着小凳子坐在电视机前面是我们最快乐的时光。

那些卡通人物带给了我们别样的快乐，米老鼠和唐老鸭让我们笑开了怀；美少女战士让许多怀着少女梦的花样少女们，做梦都想变成美少女战士与帅气的夜里狐假面来次亲密接触；圣斗士星矢让所有男孩都想拥有一套黄金战衣，可以保护美丽高贵的雅典娜。

在当年，这些梦想都不过是虚幻的，只能存在于美梦里，可是到了现如今，你不可以再让她只在梦中存活！

你可以穿上神圣的黄金战衣，对拿着雅典娜权杖的 TA 说："伟大的女神，我誓死忠于你。"

你也可以穿上漂亮的水手服，对着 TA 说："受死吧，姐代表月亮消灭你！"

你更可以拿根骨头往前一扔，吼道："犬夜叉，去捡回来！"

你可以扮得芳华绝代，你可以显得魔幻十足。只要是你想要的，你想做的，你都可以，你可以是唐老鸭米老鼠，也可以是一休哥、葫芦娃。

COSPLAY 实现了这一切。COSPLAY，简单来说就是"角色扮演"，利用服装、饰品、道具以及化妆来扮演动漫作品、游戏中的角色。

角色扮演活动的兴起始于日本。刚开始时，日本的一些社团成员打扮成动漫或电玩中的人物来吸引动漫迷前来参观摊位，这种好玩的活动刺激到了粉丝们的心潮，于是一堆粉丝迅速加入到角色扮演行列，后来这种行为传入港台、大陆。我国现已有不少不错的COSPLAY 团队。

COSPLAY 让原本存在于虚幻世界的人物，能够出现在真实世界里，同时也使得自己能有置身于漫画世界中的错觉，过一过当漫画主角的瘾。

说到角色扮演，它们的始祖，应当属迪士尼当初为了供游客玩赏或是拍照留念的那些米老鼠了。

　　角色扮演活动首先要确定自己想要扮什么样的角色。女孩的话，COSPLAY 的角色最爽的就是美少女类型了，因为可以穿上华美的服装，过足儿时"公主"梦想的瘾。这类的 COSPLAY 角色有：《犬夜叉》里的桔梗，《高达》中的拉克丝、卡嘉丽、芙蕾，《eva》里的凌波丽，《名侦探柯南》中的小兰。

　　至于男孩，则可以选择英雄、侠客式的角色，给平凡的生活注入些孤胆英雄的悲情，比如《吸血鬼骑士》里面的玖兰枢，《银魂》

里的坂田银时。

　　如果你个性特立独行，不喜欢跟随大众，可以考虑选择另类一点的，例如扮演巫婆。当然，这都由你自己选择，就算你要COSPLAY 一个南瓜，只要你有办法做出像样的衣服，也没有人有意见！

　　确定好自己要扮演的角色之后，接下来就要准备与角色一模一样的服装了！对 COSPLAY 而言，最重要的不是扮演者的本身相貌，而取决于服饰的制作。如果有一件与扮演的角色相得益彰的服饰，COSPLAY 就成功了百分之八十。

　　一般来说，得到 COSPLAY 服饰和道具的途径无非就是：到专卖店购买、自己动手做，或是找裁缝师量身定做。

　　对于初次玩 COSPLAY 的人来说，可以考虑去专卖店里买现成的角色服装。在日本有很多专门卖 COSPLAY 服装的专卖店，不过国内的这种店铺相对少见，一般都是需要定制的（PS：互联网上已有比较知名的动漫服装定制店）。

　　虽然可以定制，不过收到服装时如果觉得不满意，可能无法改制。其实，很多角色扮演者最大的乐趣便是自己亲手制作服饰以及道具。当然，如果要自己制作的话，首先必须要会缝纫，家中最好有一台缝纫机。可以约上 TA 一起上街选面料买道具。COSPLAY 常用的服装面料有：棉布、麻布、缎子、丝绸、呢绒、化纤以及混纺。

　　服装面料买回来之后，按照你们的设计剪裁、缝制。做一件

COSPLAY 时装，可能需要花费很多的时间与精力。由最初的纸样直至完成，至少需要一个月的时间，可以说相当不简单，不过制作的过程带给你们的快乐也是别人无法体会的。

如果自己实在不懂缝纫，也可以去裁缝店铺量身定做。这样既可以节省时间，也可以按自己的设计来完成（PS：裁缝店铺好找，但真正会制作 COSPLAY 服装的裁缝却不多）。一般情况下，一到两个星期便可收取衣服。

服装道具解决之后，就要解决化妆的问题了，化妆也是 COSPLAY 中非常重要的一个环节。COSPLAY 妆容的步骤是：先上乳液或者隔离霜，然后上 BB 霜，再是粉底，然后用散粉定妆。眼妆部分，眼线膏、眼线笔、睫毛膏、假睫毛、眼影及眉粉，全都要用上，眉粉可以当暗影刷。最后是使用修容粉、高光粉做最后的定妆。

COSPLAY 妆容最重要的是脸型和眼睛跟剧中角色的相似度，一定要根据角色对象来确定眼妆，眼影、眼线什么的都少不了。

你和 TA 可以彼此互相帮忙化妆，既增进感情，又有乐趣。

全部装扮完毕之后，不要忘记熟悉所扮演的角色的故事、角色的行为和心理以及角色的代表性动作和眼神。神似是有力的取胜"武器"。

赶紧装扮好自己，与 TA 一起参与 COSPLAY 秀。

1. 女生扮演的角色尽量不要过于性感，因为表演的时候一定会有很多观众，以免不雅情形出现。
2. 不管扮演什么角色，最好穿一件棉质的衣服在里面，这样可以避免所谓的"红外线透视"摄影器材的拍摄。在动作造型上，最好避免容易走光的动作。比如，着短裙者避免长时间蹲着，着低胸服饰者避免频繁弯腰，等等。
3. COSPLAY 秀下场后，一定要记得卸掉烦琐、厚沉的装扮。

秒杀

享受高手对决的乐趣，享受拼抢的快感

能给 TA 一份惊喜的礼物

成功率不是很高，要靠运气

TA 的生日到了，又或者过节了（PS：情人节、圣诞节……各种需要送礼物的节日），花钱给 TA 买个喜欢的东西纵然显得你大方又浪漫，可终归没有创意。

你肯定要抱怨了，"那你想要我怎么办，难不成为了创意去偷去抢？"恭喜你，你说中重点了！抢来的，比花钱买的更让 TA 喜欢，若是你和 TA 一起抢来的，那更是让你们欢腾而又有纪念意义的礼物了。

先别误会，这里所说的"抢"，不是真让你拿着菜刀、水枪去某某商场打劫，而是现如今的商家们为了促销，推出的"秒杀"抢购活动。

所谓"秒杀",是网络上的卖家发布一些超低价格的商品,比如1元钱的品牌电脑,2元的汽车……这些商品会在指定的时间开始销售。

由于商品价格低廉,而且货物少,往往一上架就被抢购一空,有时只用一秒钟,故被称为"秒杀"。想买"秒杀"里面的东西,你就必须得抢,必须有手起刀落般瞬秒的绝上神功!

一件商品被"秒杀"的时候,往往有成千上万的网民在盯着,想"秒杀"成功绝对需要运气和实力,所以当你们"秒"到礼物的那一刻,必定会欢腾得跳起来,大吼:"抢到了,抢到了!"这就是秒杀的最大乐趣!

是不是很心动?那就赶紧登陆各大网购网站查看。秒杀的活动在网站主页面上一般都会有明显的入口提示,点击进去,尝一尝合力"秒杀"的快乐!

由于参与"秒杀"的产品多以不可思议的低价呈现,所以一到"秒杀"时段就会有众多参与者守在电脑前不断点击和刷新,时间稍纵即逝,参与"秒杀"的商品很快就会被拍完而下架。所以,你必须得狠下功夫!

首先,确保电脑配置和网速在众多买家中处于先进水平,即便没法达到顶级,至少也得中上。如果电脑指标不合格,有"秒杀"

的想法也白搭。

　　如果用的是系统自带浏览器，那么还得换一个更为快速的浏览器，建议用火狐、Maxthon，等等。尽管浏览器的速度差别如刘翔、罗伯斯之间 0.01 秒的差距一样微乎其微，但也许就是这 0.01 秒决定你能否秒杀成功！

　　其次，拥有"秒杀"达人的时间观。秒杀，就是以秒为时间单位，所以要做到分秒必争，不要忽略鼠标滑轮转动的一瞬间，说不定就是这一瞬间，一眨眼的 0.1 秒、0.01 秒时间，就会与宝贝商品失之交臂。

　　充分的准备工作是防止临阵掉链子的有效方法，所以准备工作一定要做好，可千万别在开始"秒杀"之前突然要上厕所了，那只能捶胸顿足了。

　　还有哪些准备工作需要充分准备呢？

第一，提前了解、确定想要得到的宝贝，并记下确切的开始时间。怕忘记的话，甚至可以校好闹钟提醒，最好提前半个小时登入网站；在接近"秒杀"的前几分钟，开始不断刷新页面；并确保支付宝有充裕的余额（PS：可别忘了商品除了单价外，还需要另加运费）。

第二，不管是淘宝的"秒杀"，还是其他电商的"秒杀"，不要以为只要秒抢到商品就是你的了，最终是以支付时间为准的。在"秒杀"前，检查收货地址是否已经填写完整无误，建议删除多余的收货地址，可节省不必要的鼠标滚轮时间。

刷新"秒杀"页面时，看到"立即购买"的字样突现可千万别蒙了，要以条件反射般的极限速度开始接下来的步骤。

为了节约时间，支付宝密码可提前改成简短、熟记的信息，输入验证码的时候一定要快而准确。

友情提示，为了能成功"秒杀"到 TA 喜欢的礼物，最好提前实战练习。

传说中的高手都是这么来的！不是靠天赋，而是练出来的！如果对"秒杀"缺乏实战经验，建议先进行完整程序和分段式的模拟演习，反复练习，提高手指和眼睛的协调性，对于速度的提高大有帮助。

"秒杀"的最高境界在于：全神贯注，宠辱不惊，行云流水，游刃有余。"秒杀"的终极乐趣不是买到了超级便宜的东西，而是"秒杀"过程中的快感。

约上 TA 一起"秒杀"，不管什么样的礼物，都能让 TA 惊喜万分！

① 在"秒杀"之前多研究商品所在网站的要求，部分"秒杀"活动对参与者有资格要求。

② 最好在"秒杀"前，将正在下载的文件关闭，以保证网络更畅通。"秒杀"前5秒钟就开始点击"购买"按钮，一般情况下，计算机服务器和我们本地传输存在时间差，活动会提前几秒钟开始。

③ 如很喜欢正在秒杀的商品，可将网址发给多个好友一起参与，可增大"秒杀"成功的概率。

④ 在"秒杀"前，调整好心态，更多的时候应将它视为游戏，一个购物游戏。(PS：免得没有"秒杀"成功，气急败坏地砸电脑摔东西)

街拍

不挑时间，不需要准备太多东西
随时随地可以进行
不可重复使用，一次刺激，二次可行，三次……

有没有想过，把TA当成"猎物"来"跟踪"，对准镜头，闪几个"咔嚓"？

这种跟拍的形式，就是"街拍"的一种，拍的是被拍者自然动作、自然表情的镜头，往往会有意想不到的效果——真实而不做作。

街拍，带着相机快速且灵活地移动，猛然获取美丽的镜头。

街拍，是一种源于欧美国家的文化，最早源于时尚杂志的需求——用相机捕捉街上的时尚元素，传递来自民间的流行信息，于是所谓的"街头秀"就应运而生。如今，"街拍"逐步成为国内年轻

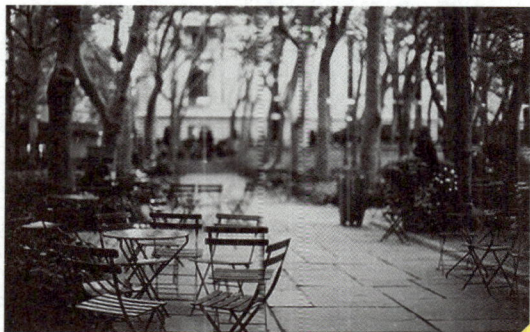

人一项新的街头文化活动。在国内一些大城市，会发现不同造型的年轻人在街拍。一些时尚杂志也刊登各种街拍照片，有的甚至用于封面。

如果想让自己的街拍作品刊登在杂志上，那就有专业要求了。一般来讲，一次专业的街拍，至少需要捕捉被拍者服饰的品牌、搭配等细节。如果还没达到专业级别，可以考虑上传到网络，与众多网友分享。但是如果作品实在不尽如人意，那很可能得到网友的板砖。

一句话，要想做个合格的街拍者，需要具有以下特质：时尚的眼光，勤奋，爱逛街，眼力好，反应迅速，为人亲善，沟通能力好。当然，一开始不知时尚为何物、反应也不迅速的菜鸟，等拍得多了，经验丰富了，自然会慢慢修炼到一定境界。

街拍，一种是摄影师抓拍的镜头，另一种是摆拍出来的镜头。

不管怎么样，只要有好看、好玩的，都可以充当一回街拍摄影师，让走过、路过的帅哥与美女成为你镜头下的明星。

带上摄影器材，往街上冲刺吧。性能较强的数码相机就可以搞定街拍了。

今天，我们的主题不是路边的花花草草，而是亲爱的TA。我们的目的也不是上杂志，而是给TA一次惊喜、浪漫。

幻想一下，某人出门时的表情，在路上时的神态，临近约会地点时的动作，等待时的脸部反应等，在你的突然出现下会有怎么样的表现……

友情提示：街拍时，要有忍耐力，遇见笑料时一定要克制住，千万别笑场。

街拍后，把美美的照片选洗出来，放在影集里，或是贴在墙上，标注上：××××年××月××日于××××地方拍摄，再写上些煽情的句子，该是你和TA多么浪漫的回忆。

① 当TA考试不理想，或被老板批评……类似这样的时候，还是放弃制造惊喜的活动吧。

② 如果街拍途中不小心暴露了，千万不要把没完成的计划"招供"。
（PS：不然下次会少了些许惊喜）

跑酷

新鲜，刺激，绝对的拉风

可吸引TA那爱慕的眼神

但训练难度大，身体素质要求高

大家都看过《蜘蛛侠》吧，他拥有一项绝技：飞檐走壁。这项绝技是很多人梦寐以求的。武侠片里的大侠们在屋顶跳跃飞行，移行换影，让人羡慕不已。这样的神技只存在于荧幕之中吗？不是！练习跑酷之后，你兴许可以把飞檐走壁演绎一番。

跑酷，一项非常有观赏性的极限运动，一项能够开发人的潜在运动能力的体育活动。

试想一下，如果你带着TA在无人的栏杆间翻跃而过，畅通无阻，该是多么的帅气和浪漫。

跑酷，也称为"城市疾走""暴酷""位移的艺术""飞跃道"以及"城市自由穿行者"。无论是哪一个名称，都名副其实得酷到不行，光看这名字就很给力。

整个城市在跑酷运动里就是一个大训练场，围墙、屋顶都成为可以攀爬、穿越的对象，特别是废弃的房屋。简单地说，跑酷就是利用一些熟练的动作来完成攀爬、穿越。它能让人类像猿猴一样灵活攀越。将生活中的各种日常设施当作障碍物或辅助物，在其间跑跳穿行，这些动作结合起来就成了飞檐走壁。

在练习跑酷的时候，要求练习者非常专注。跑酷会让人知道怎么克服自己的恐惧，加强克服困难的能力，不断提升自己和突破障碍的能力。

当然，跑酷动作的难度非常大，所以训练跑酷绝对是一项辛苦事。一个动作可能要反复练习无数遍，才能熟能生巧，才能一气呵成。跑酷的潇洒是需要经历无数次的练习和失败才能获来的。

跑酷运动需要的装备很简单，一件 T 恤衫，一双轻便的跑步鞋，以及一条舒服的运动裤。跑酷时，你会有坐在驾驶舱的感觉，你会突然发现自己能控制瞬间腾空的身体。

不过，以下文字请认真阅读，并遵循，否则后果自负。（PS：因为跑酷运动容易让身体受伤）

首先，需要加强练习弹跳力和行动速度。每天早上坚持跑 1200 米，然后立定跳高，再蛙跳 200 次，每一跳都要用心用力，坚持 45 天左右，就会看到效果。跑酷需要长久的耐性。为了玩得更酷，请

坚持。

　　跑酷攀爬需要强劲的臂力，所以需要练习俯卧撑和引体向上。这些是最基本的练习。

　　最基本的练习做完之后，可以开始练习跑酷的一些基本动作。以下动作需要练习得很熟练，确保无闪失之后才能去实地练习。

　　1. 弹跳能力——可以利用蛙跳来锻炼。慢慢地从矮到高，由近到远，而且要锻炼着地的准确性。

　　2. 落地即起——在跳跃落地时，利用侧滚马上站起来或继续下一个动作。

　　3. 手／肘弹跳——在奔跑的过程中碰到角落及障碍物，或要加大跳跃距离时，利用手或肘部在墙壁上的推动来增加跳跃的距离。

　　4. 准确／精确跳跃——锻炼从一个目标跳到另一个目的地的准

确性。从开始的近距离到最远的距离跳跃，是为了锻炼着地的准确性。

5. 翻墙——最基本的锻炼。一阵轻松的助跑之后，快到目标时力量开始上提，先利用一只脚顶着墙壁，然后手抓着墙，再马上用另一只脚推墙，将第一只踏墙的脚顶上去，双手再助力一下。一般分成正面双手按跳和背坐式转身上跳。

6. TIC-TAC——避开一些障碍物的普通手法。在跑的过程中，当你前面出现一口井时，那就踏着井口附近的树或墙面，弹过去再继续向前跑。整个过程只能用脚，不能用手！高手可以踏四五次翻过去；当跑步方向与墙面平行时，比如巷道里边，如果前面路被挡住，则借助墙面，在墙上跑几步，落地继续。

7. 手／肘弹跳后手抓——锻炼手的反应速度。跳跃之后马上利用手快速地抓住下一个目标！也可以用一手抓或两手从一面墙壁推弹后去抓另一面墙壁等。

8. 降落练习——弹跳之后，落地时只利用双腿来缓冲，而不能利用侧滚来继续下一个动作。

9. 盲跳——这个比较危险，需要在熟练掌握准确性跳跃之后进行。在某些情况下的跳跃过程中可以闭上眼睛，但是照样能感觉到自己要降落的目的地。只要你跳跃之前已经扫描过目标位置，然后在跳跃的过程中不去理会目的地，这个就是盲跳。

10. 前空翻及后空翻——要求是在做完360度的前空翻及后空

翻后要尽量回到原位。

11. 前翻及后翻——可以用手来支撑。要求是在做完 360 度的前翻及后翻后尽量回到原位。

12. 倒立——最常见的是用手倒立。最好的方法就是倒立后往反方向用手走到目的地。

13. 侧空翻——有 180 度、360 度和 540 度等，也有交叉翻或空中定型翻（就是空中翻到一半时，在空中突然慢下来再着地）。

14. 猫跳跃——学猫的动作那样，从一面墙跳到另一面墙时学猫的降落方法！一般有两种方法，脚滑法和手抓法。

15. 猩猩跳跃——常见的基本功。像猩猩一样，在奔跑的过程中用双手按着障碍物然后双脚打开跨过去。

16. 精确度及平衡训练——在一根管子上来回行走及学猫爬。

17. 插入练习——在奔跑的过程中利用单脚或双脚甚至身体任何一个部位先开始冲进一个进口处，如天窗、窗口等。

18. 空翻/手翻过障得物——一般先从侧翻开始。以腰部的高度先开始的，刚开始可以先用手撑一下或让 TA 在旁边帮忙推一推。

19. 单杠练习——可以用来锻炼手抓力量。对一般想练空翻的朋友来说，先从单杠中找出在空中翻身或转身的感觉是最安全的。

做这些练习，要克服害怕心理，最好到室内训练馆或者体育馆练习，因为这些地方备有垫子，在练前空翻、后空翻、墙壁翻转时，不容易受伤。

在练习的过程是，朋友之间需要互相鼓励，互换心得，这项运动虽然好玩，但有一定的危险性。

PS：在练习过程中，要保持愉悦的心情，掌握自己的节拍。表演之时，一定要沉住气，拉风的同时要学会保护自己。

如果以上练习都已经合格，那么，还待着干吗？赶快去闹市表演吧，充分享受明星般的感觉，被人们用艳羡的眼神看着，是一件很自豪的事。说不定还会有异性主动上来搭讪："能否给人家签个名啊？"

关于跑酷的电影有很多，如《暴力街区》《企业战士》《十月围城》《玩酷青春》等，很多跑酷迷也是因此才了解跑酷、爱上跑酷的。

先带上 TA 去实地接触跑酷吧，一定可以带来刺激、新奇的感觉。

① 电影里面的跑酷动作非常拉风，但那都是做了大量的安全和保护措施的，不要轻易尝试类似动作。

② 户外玩乐都有一定的危险性，极限运动尤其危险，所以最好找一些有经验的人一起训练，并仔细检查练习使用的装备，检查其完整性和稳定性。

③ 注意自己的运动极限。

女仆 KTV

浪漫，卡哇伊——"致命"的诱惑
可以瞬间萌杀 TA
但，不是人人都能接受

　　提到"女仆"，你不会只想到那个在古代受虐又受气的女婢吧，这里的"女仆"指的是日本第一萌物的女仆了（PS：日本曾做过"最萌的职业"调查，女仆以第一名成为日本最萌的职业）。女仆也是 COS 得最多的角色。

　　我们生活中的娱乐少不了 K 歌，如果 K 歌时有一个"女仆"穿着可爱的女仆装伺候着，是否会萌分暴涨呢？ K 歌气氛是否更高涨呢？

　　答案是肯定的。

要 COS 女仆，就得先了解女仆之全套装备。

超萌超可爱超秒杀人的女仆服装是必需品。

女仆装应该选择改良型的，这种服装经过传统女仆装改良，以美观为主要目的。在围裙的部分以白色荷叶边为主，而连身裙的部分则是由长裙变成短裙。常以大量的荷叶边、蕾丝边及大蝴蝶结作为装饰。而颜色也不像传统型一般以暗色为主，反而大量运用各种鲜艳的颜色为基色，呈现出一种年轻活泼可爱的感觉。这种女仆装可以在淘宝上买到。

自然还少不了吊袜带。在女仆弯腰（例如捡东西）的瞬间可以隐约看到短裙下连接袜子边缘的吊袜带，这个动作绝对可以萌杀一切。

再加上兽耳配饰，猫耳、犬耳、兔耳的造型都可以。摆个可爱的动作，再"喵"一声，绝对让 TA 笑着"喷血"。另外，可配上女仆的装备武器，最普通的是飞刀（PS：不知何时开始，"飞刀"就被莫名地定义成女仆的专属武器，可参考《东方红魔乡》中的十六夜）。另外，拖把也是女仆的武器，例如《月姬》中的琥珀。

服装穿戴好了之后，只算完工了一半，仪态和动作也是要极力去模仿和学习的。

第一，自创一些可爱的口头禅或者没有意义的习惯用语。比如"阿列""嘛"之类的。

第二，如果自身没有萝莉的颜容，那就利用萝莉音。用萝莉音对 TA 这个主人说"主人，请点歌"，TA 会被萌翻的。

第三，绝对遵从。女仆对主人是不会有任何异议的，一切唯命是从。

第四，适时地对主人来段女仆宣言也是必不可少的。它可作为女仆很重要的一件事情。北如，某女仆说的最萌的台词："就算会跌入地狱，喜欢主人的心情也不会改变。"

女仆有分系，在装扮时，应先自身设定。

傲娇系：也就是大小姐。很多 GAL 游戏或者 H 漫画中会设定此类，因某些原因大小姐沦为了某少年的女仆之类的。但更现实的属性就是爱撒娇的幼驯染类型，偶尔撒娇或者生气、伤心，主人还要来哄她开心。大概就是因为这样，此系女仆成为首选 COS 对象。

天然系：有点迷糊的类型，也可以引申理解为"脱线"。一般都是萝莉形态，比较有元气。

暴力系：可以分为格斗系与武器娘。平时不但可以做家务，出现了危险还可以挺身而出保护主人。

无口系：包含电波属性、腹黑属性、三无属性等等。一般就是冷面无口，唯命是从的状态。

小恶魔系：一般是萝莉或者美少女。有别于腹黑属性的是，小恶魔属性是淘气类型，并且表露无遗，不会隐藏。

假想一下：一个自己喜欢的属性类别女仆，换好装扮，走到 TA 面前，萝莉般说道："×× 大人，女仆 ×× 为您服务。"

TA 是否会陷入震惊之中，一票朋友是否全被萌翻？新鲜、出奇、浪漫，一样都不会少。

1. 注意安全。女仆装很萌很可爱，但因 KTV 人员混杂，很可能会被误会，会被骚扰。
2. 女仆的服装和配饰可以在淘宝购买，但如果只是偶尔装扮下，建议去影楼等地租赁一套。
3. 如果 TA 对女仆不太了解，建议提前普及，可看女仆类的漫画或者图片，也可了解 TA 对女仆属性的喜好。

麻花剧

轻松的剧情，无厘头的爆笑
谈情的好节目、减压的好去处
但，剧场有档期安排

　　这年头，一昔之间蹿红的网络红人实在太多，犀利哥、双刀哥、三轮哥、教务哥，还有芙蓉姐、凤姐，等等，他们每人代表着一种现象，也是当下最让人津津乐道的话题。

　　这么多的哥呀姐呀的，三不五时地就闹腾一个，如果不是天天趴在电脑前的宅男宅女想必是要漏掉不少，人家一提什么哥什么姐的，就会发现自己OUT了，被网络遗弃了。在这八卦横行天下，八卦无比欢乐的年代，错过了他们，那该是多么遗憾的事情。

　　那怎么办呢，要想留住这些欢乐就得另外找一个综合型的娱乐节目，一个可以把这些娱乐知识都囊括进来的项目，除了各大论坛年底的总结帖子之外，还可以陪着 TA 一起看麻花剧，笑到哭都行！

麻花剧是京城文艺人士学贺岁片的做法，每到岁末上演贺岁话剧，取名"麻花剧"。把一年之中发生的各种有趣的网络现象，各种最流行最有影响力的元素都加进麻花剧中。相比正统的话剧，麻花剧玩的是轻松，玩的是恶搞，盘点、调侃年度热点的人物和事件。

目前最火的麻花剧是"开心麻花"系列的舞台剧。"开心麻花"是把时尚、快乐和智慧拧在一起的舞台剧，是商业话剧市场票房成绩最好的舞台剧品牌。到目前为止，"开心麻花"共出品十多部，累积观众达百万左右。

在北京，关注时尚、流行的人中每三个人就有一个知道"开心麻花"，超过 1000 万的观众在年底会去剧场看"麻花剧"。在特别的日子，带上自己心爱的人，或是约上好友一起看一出"麻花剧"舒缓心情，已成为一种有趣的、时尚的约会方式。

"开心麻花"系列舞台剧到底是什么样的舞台剧呢？

故事情节与众不同。麻花剧巧妙地镶嵌时尚元素，加入社会文化、热点事件和人物，让舞台剧变得活跃、轻松、恶搞，让人捧腹大笑。

风格化的表演形式。台词夹枪带棒，针砭时弊，给观众全新的视听感觉。

　　打破传统话剧定律，拒绝说教，提高了娱乐性。在快乐中道出人生之意义，道出世人心中所想。

　　开心麻花剧中最具代表性的作品应属《江湖学院》和《阿翔》，这两部是麻花系列里面的爽口开胃菜。

　　《江湖学院》中，"江湖学院"乃大名鼎鼎的习武圣地，每年只发五张"入学牌"，但是今年凭空多出一张，而就是这一张凭空多出的"入学牌"引发了一出煞费苦心、南辕北辙的离间计。梦想得到野鸡王左腿，成为顶尖厨师的小黄瓜；出手阔绰而行踪诡秘的公子艾；心狠手辣、高攀富贵的庄纯；关系户峨嵋派的代培生贵小雪；高丽王的私生子以及东瀛武士，众人怀着各自不同的目的来到江湖学院。他们经历了明争暗斗的阴谋，卷入了血雨腥风的厮杀，最终成了生死与共的朋友，见证了世间的恩怨情仇。

　　《江湖学院》之所以让人欢乐，在于情节的恶搞。小黄瓜和汪直殊死对决时，各自使出最厉害的武功"网心诀"和"葵花宝典"，两人拿着两把勺子和两朵葵花进行打斗，场景足够让观众立即笑抽。

　　虽然故事的时代背景设在明朝，众人都穿着正经的古装戏服，但是剧情仍然时不时抖出些当代的时尚元素，如把网络游戏中的一些术语和情境搬上了舞台。在江湖学院中，有一种江湖上人人向往的至尊级回血药品——红药。再就是语言和情节上的恶搞，"桃花岛""加勒比海盗"……北星爷的恶搞更为直观，因为看到的是真人现场表演。

《江湖学院》是无厘头的搞笑手法，而《阿翔》则是带有悬疑色彩的剧情，情节发展亦令观众连呼过瘾。

传统的话剧，都没了兴趣去看，沉闷又乏味，一堆说教更像是在听老教授上课，而以爆笑为噱头的麻花剧则可以让你和TA坐在剧场里好好地爆笑一番，约会就这么让人轻松。

立刻！赶紧！确定下麻花剧的排期，买好票，带上TA一起开心麻花一回。

① 带好手绢，因为爆笑有可能让你和TA笑出眼泪。

② 别穿太紧身、太性感的衣服，否则爆笑时不小心走光就不妙了。

③ 爆笑时肯定不会仪态万千，不要太计较对方当时的形象。

涂鸦鞋

可天马行空地想象，可随意DIY

轻松快乐，自由自在

对绘画水平有一定的要求

你有多少双美鞋？高跟的，平跟的，限量版的，休闲的，运动的……那有没有一双 DIY 涂鸦鞋？带上 TA 一起 DIY，情侣或是好友穿上相同涂鸦的鞋子，很浪漫的哟！

买双普通的帆布鞋，信手涂鸦，就能成为你们自己的"作品"。

什么是涂鸦鞋？涂鸦鞋，也叫手绘鞋、彩绘鞋。就是在原纯色成品鞋的基础上，根据自己的喜好在上面用专门的手绘颜料绘画出精美、个性的画面。

当然，涂鸦不能影响鞋子本身的使用性，只是增添其观赏性。

　　一双鞋子的画面，可以任你选择，可以是漫画卡通、真人素描，也可以是风景或装饰纹样，更可以在上面配上你们的故事片段文字，最最浪漫的事是在鞋面涂鸦上你对TA的真情告白。更通俗地说，就是在鞋面上作画。

　　作画的颜料主要是丙烯颜料，它是用一种化学合成胶乳剂与颜色微粒混合而成的新型绘画颜料。它干燥后是一层柔韧薄膜，坚固耐磨，耐水，抗腐蚀，抗自然老化，不褪色，不变质脱落，画面不反光。而且使用它作画，画面层次丰富明朗，可以造出水彩工笔画的效果。

　　如果想让你和TA的涂鸦鞋图案保存得更长久，那么可以考虑购买一种专门针对手绘推出的新颜料，适用于在T恤、内衣、牛仔服装、手袋、布鞋、丝巾等布类物品上作画，但价格也相对高一些。

　　这种颜料的色泽透明亮丽、色彩鲜艳，可以很好地遮盖鞋面本身的东西。各种颜色的颜料之间可以任意混合使用，不需要调和油。画好后的图案不会掉色，手感也很柔软，伸缩性好。用这种颜料涂鸦，无须高温加热，附着力强劲，随便怎么洗都不掉色！

　　接下来就可以准备给你们的鞋子作画了。先设计好图案，在纸上练习到自己满意的状态，再用铅笔在布鞋上画草稿，注意图案的整体布局。当然，如果你们有信心直接涂鸦，那也没问题，大不了多预备几双鞋。

　　画好草稿之后，先想好要使用哪些颜色的颜料，很多颜色是需

要现场调色的。用颜料调出你们想要的颜色之后，再用画笔勾画出图案的边线（PS：在勾边的时候注意不要错位，可以借助一些辅助器材帮助勾边）。

勾完边之后，就可以直接用调好的颜料在图案上绘颜色了。颜料中可以加一点水，方便颜色的深浅调配。在这个步骤中，水的分量控制相当重要，最好先在其他纸张或物件上验证一下水的分量是否合适。上色的时候要注意：千万不要触碰鞋面上未干的颜料，否则画面容易一片脏乱。

再根据一些图案，仔细地绘上不同颜色，可绘出颜色层叠的效果。

切记，这时还不算完工，待颜料干后，还得再勾一次边。在绘完颜色之后，再次将图案的边线勾出来，就有了清晰的图案。

涂鸦完后，建议放在阴凉的地方待自然风干，借助电吹风也是可以的。

看着自己亲手制作出来的涂鸦鞋一定会特有成就感，要是TA在你的鞋子上再挥笔落款，或是写上一段温馨、肉麻的台词，这双鞋铁定将成为你的最爱。

风和日丽时，穿上你和TA一起涂鸦的鞋子，去招人羡慕、嫉妒吧！这一定会是一道美丽的浪漫的风景线。

另外，涂鸦墙，涂鸦T恤，涂鸦帽子，涂鸦抱枕，涂鸦茶杯……都是可行的。重点是，你和TA一起涂鸦！

① 涂鸦的物品要注意保养，洗刷时可用废旧牙刷或软毛刷，不宜使用硬毛刷用力刷洗，因为硬毛刷会损坏布料纤维，而影响手绘图案的色泽。一定要手洗，不要漂白，最好自然风干，千万不可以放在火上烤，否则容易造成鞋子变型。

② 专用的涂鸦颜料是不易掉色的，所以在涂鸦时，不要穿白色或者新衣服，以免颜料不小心溅到衣服上。

③ 涂鸦的颜色一般需要调和，建议按照基本的调色表来调和：

　　　　玫红色 ＋ 黄色 ＝ 大红

　　　　朱红色 ＋ 黑色（少量）＝ 咖啡色

天蓝色＋黄色＝草绿、嫩绿

天蓝色＋黑色＋紫＝浅蓝紫

草绿色＋黑色（少量）＝墨绿

天蓝色＋黑色＝浅灰蓝

天蓝色＋草绿色＝蓝绿

白色＋红色＋黑色（少量）＝石红

天蓝色＋黑色（少量）＝墨蓝

白色＋黄色＋黑色＝熟褐

玫红色＋黑色（少量）＝暗红

红色＋黄色＋白色＝人物的皮肤颜色

玫红色＋白色＝粉玫红

蓝色＋白色＝粉蓝

黄色＋白色＝米黄

攀冰

需将注意力集中在冰镐和冰面上，有助于忘掉烦恼

攀冰的过程是征服的过程，会带来兴奋感

需要场地和专业的装备，更需要足够的勇气和胆量

　　冬天，很多人穿得够厚实，远处乍一看像包子。天冷，不愿意出门郊游，便懒懒地窝在咖啡厅里喝着咖啡，或者待在家里看着电视、电脑发呆？

　　其实寒冷的冬天，大量积雪，冰冻三尺，也是好玩的季节，"征服大自然"就是最大的乐趣！

　　征服它，就要占领它，就要翻越它。靠人类自身的力量可能做不到，但人类可以借助专业的装备和器械，在冰上攀登，征服冰山完全不是梦，就是初学者也完全没有问题。

　　那么这个冬天，让我们来振奋一下精神，在这充满童话色彩的

环境里，刺激自己的身心．来一段冰上芭蕾吧。

　　攀冰最重要的一点就是装备，所以要想去征服冰山，得先选好装备。攀冰需要的装备如下：

　　冰镐。冰镐是攀冰时支撑身体的主要工具，成对使用，左右手各一把，其中一把的后端有小锤，另一把的后端有冰铲，在握手处的尾端通常都有腕套，可以将冰镐套在手腕上，以防失手滑落。

　　冰锥。冰锥使用合金钢制成，呈空心螺旋状，固定在冰面上，用力旋转深入冰层。在冰面上起到固定主绳、保护安全的作用。

　　冰爪。冰爪是用在脚上的，和高山靴配套使用。分为 8 齿、12 齿、16 齿等。使用上分为卡式、捆绑式两种。卡式使用方便，尤其在外界条件突变或环境恶劣时，取出冰爪扣上高山靴即可；捆绑式安全牢固、可靠。卡式高山靴、全卡式冰爪将冰爪的前齿踢入冰壁，可以在冰壁上站立。

　　头盔。在攀冰时有可能冰壁上脱落较大的冰块，因此在攀冰时必须佩戴专用的头盔，以免撞伤或砸伤头部。

　　高山靴。高山靴是专为登山探险而研究制造的靴子。重量轻、强度大、保温性好。高山靴有强韧的塑料外壳、坚硬的鞋底和柔软保暖的保温内套，穿着舒适、安全可靠并经久耐用。

　　安全带。安全带由腰带和腿带构成，腰部有装备挂环，冰锥的另一端就挂在上面。

　　主锁。起连接作用，做保护和设置保护点都要用上。

　　保护器，一般用 ATC 或 "8" 字环。

　　手套。手套用于防水，因其摩擦力大，因此在一定的保暖前提下应尽量薄，这样才不影响使用器械。

　　绳子。应采用防水动力绳（干绳），直径在 10 毫米以上。

　　（PS：所有的准备物品在户外装备店里都能买到，也可以在淘宝网上买。）

　　装备准备好之后，我们就可以开始攀冰了。首先要设好保护点。攀冰的保护点与其他野外活动中的保护点设置一样，必须掌握独立、均衡、有富余的三条原则。在冰壁上设置保护点至少需要三颗冰锥，保证设置冰锥处没有裂缝，没有鼓包，没有气泡，不流水，冰锥尽力全部旋入。三颗冰锥间距应尽量远，大多在半米左右，用主锁与扁带或辅绳相连接，调整扁带或辅绳使三颗冰锥同时受力，且夹角要尽量小，最大不能超过 60 度。最后所有的扁带或辅绳归入两颗锁门方向相反的主锁，并将主绳扣入这两颗主锁中。最后检查所有的锁门，必须都锁好。设好保护点之后，在攀登时要经常检查保护点是否有松动，因为冰上保护点没有岩石上的保护点结实，不能经受很大的冲坠，因此绳子相对攀岩要打得紧些，以减少脱落时的冲坠距离。

　　攀冰也需要技巧，主要是镐法和脚法，小冰镐利用鹤嘴劈入冰面提供悬挂。基本要领是大臂带小臂，小臂摆方向，手腕出镐即停。

主要力量来自大臂、肩和背，小臂使镐尖保证垂直冰面入冰，在入冰前通过手腕将臂的动量传给冰镐，这样冰镐就获得了最大的动量，入冰效率提高。

入冰后，不必抓着冰镐，因为还有腕带连接着，利用它的下拉受力就可以了，手腕这时可以休息，准备下次挥镐。

脚法就是利用在高山靴上的冰爪踢入冰里提供支撑，攀冰中大量利用前齿踢冰。要领是摆大腿，小腿提脚，垂直入冰。同样力量来自大腿、臀部和背部，提脚是为了使前齿充分入冰不脱出，使用双前齿冰爪使前齿垂直冰面同时入冰才能提供最大支撑。

初次攀冰的你们，可能不会一次就成功，但是没有关系，互相打气——掉下来，再继续，多攀几次就能成功征服冰山了。那种愉悦的心情，是难以用言语来形容的，是喝几杯咖啡或者看几场电影无法比拟的。

冬季，别再休眠，带上 TA 一起去体验吧！

1. 将冰镐扎入冰面时，不要用力过猛，而且冰镐不要晃动，因为这样会使冰面破裂，影响其稳固性。
2. 如果是初次攀冰，建议选在路旁的短距离攀冰。
3. 在直壁上，脸不要离冰镐太近，以免冰镐脱落而伤害到自己头部。
4. 不要用冰镐和冰爪去打击冰锥附近的冰，因为这样会破坏冰锥的稳定，另外，保护点附近严禁挥镐。
5. 如果连攀岩都还没有玩过，或者保护点都不会设置，建议找有经验的同伴一起去。
6. 保护者不要在攀登者的正下方，否则一旦攀登者脱落，可能会直接压到保护者头上。
7. 掌握天气变化情况。冰质和天气对攀冰的影响非常大。攀冰不宜选择冰太脆的地段，太脆的冰容易断裂，冰镐和冰爪抓不住。好的冰质表面，冰层可能会稍稍发软，然而里层较硬，冰镐敲下去时冰不易断碎。初学者建议先找室内人工浇筑的冰壁练习。
8. 经验不足的情况下，千万不要先锋攀登。
9. 一定要用腕带垂悬体重。
10. 保持身心放松，不要害怕、紧张、犹豫、惊慌，不要过分紧握冰镐。

抱石

费用不高，够平民化

高贵的攀岩，不再高不可攀

鉴于体力项目，有些女孩不太喜欢参与

某天你跟 TA 去野外郊游，突然看到不远处的石上有朵漂亮的花，而你们又有心采摘，只是石块的高度不低，怎么办？

伸出两手两脚，肌肉感十足地爬上去把花采下来？也是可行的！

有一项新型运动——抱石，动作夸张又漂亮，充分展现力与美，会像英雄般被膜拜。

抱石是什么？把石头捧着回家？NO！看谁抱的石头大？NO！

抱石，顾名思义就是抱住石头，但是指抱住石头往上爬，是攀岩运动的一种。不用绳子保护，在跳下地面不会受伤的高度（高度为 3~5 米）攀爬，用于练习横移、重心转移和手脚并用，一般可以在大石头或者岩石、岩壁的底部进行，下面可用厚垫，或者安排人员保护。

这项运动可以很好地磨炼人勇往直前的意志，以及精湛的攀登技巧，极其富有刺激性，还有极强的欣赏性。

抱石其实算是最原始的一种攀登，放弃所有的外界辅助，完全凭自己的力量。它的攀登形式直接，展现出夸张的力度美感。抱石中常见的腾挪、蹿跃等大幅度动作，会让人发力、怒吼、晃荡、摇摆，躯体和肌肉会极度曲张，令人惊叹，被誉为"峭壁上的芭蕾"。

抱石的装备十分简单，必需装备只有攀岩鞋和镁粉袋。（PS：落地不平的地方需要一些抱石垫）

抱石的线路较短，一般是 5 米高的大圆石，可以让一大群朋友轮流不断地尝试，可以互相交流和学习。练习抱石的路线一般比较密集，使得抱石爱好者有机会聚集，一起分享信息，研究动作，还可以共用抱石垫。

抱石不需要攀岩的专业装备，却又能够享受到像攀岩一样的感觉，它使号称"贵族运动"的攀岩进入了平民阶层。

国内一些大城市流行有"抱石吧"，但由于屋顶的高度限制，一

般只能让玩者在距离地面三至四米的高度内进行攀爬。抱石墙不同于攀岩墙，抱石墙很袖珍，但是麻雀虽小五脏俱全，攀岩墙应有的直壁、V形板、大屋檐、小屋檐，抱石墙都有。

对于初学者来说，抱石易学易上手，不用设置绳索、安全带、快挂等其他装备保护，只需在练习攀爬的墙壁下方铺一张 30~50cm 厚的海绵垫，防止失手而掉下来。

抱石的特色就是"用小石头练大身手"。抱石墙一般采用"7S"为主题，源于 sport, stone, sea, smile, sun, snow, story 7 个英文单词的首写字母，分别代表运动、岩石、大海、微笑、阳光、白雪和传奇。

抱石馆还会在室内营造出户外的 HIP-HOP 感觉，让人在攀爬时有种回归自然的感受。

一些另类的抱石馆，还会请乐队来演出。一边攀爬一边听乐队演唱，运动中加上梦幻的音乐感觉，简直能让你和TA如梦如幻，感觉自己在演武侠剧。

你可以带上TA顺着树形的柱子翻越过去，飞檐走壁的样子可以让你们感受自己像蜘蛛侠，轻盈而敏捷的身手一定会让在场的人啧啧赞叹。

当然，抱石运动是需要力道的，所以建议：在开展抱石前，一定要进行身体的训练，否则软绵绵的身子遇到石头只会是以卵击石，华丽丽地摔在海绵垫上。

1 不少初学者做动作时，都会担心自己伸手张脚的姿态不太雅观。心里产生了顾虑，动作就会缩手缩脚。作为初学者，需要抛弃"优雅"的念头。姿态难看无所谓，关键是领悟动作的要领，学习应对不同的情况。到了驾轻就熟的时候，动作自然会变得优美起来。

2 在学习过程中，要记住一个"真理"：教练说你行，你就一定行。如果教练认为你可以完成某个动作，那必然是你能力所及的。只要大胆去做，你会发现其实没什么困难。当然，如果教练说你暂时不行，也千万不要逞能，否则受伤的将是自己。

3 抱石过程中，过度紧张的肌肉将无法做出完美的动作，反而会造成失败。运动是在帮助你发掘潜能，尽力之后，即使失败也没必要懊恼。

4 很多初学者喜欢把力气压在手臂上，忽视了脚的支撑作用。仔细想想看，在岩壁上，"用手吊着身体"和"用脚撑着身体"，哪种方式让你更轻松？前者让你精疲大竭，后者令你游刃有余。在训练中，要有意识地让下肢动起来。

桌游

可释放思绪的烦恼，和学业、工作的压力
更可在轻松的游戏氛围中增进彼此的感情
但，需要借助各种游戏道具

提到"游戏"，你想到的是什么？

想必很多汉子的脑子里，立即呈现的是网游，在虚拟的世界里
冲杀，交好友，一起冲锋陷阵。想必很多女子的脑子里，呈现的是
儿时单纯、易玩的游戏，诸如捉迷藏、丢沙包、跳皮筋……

你和 TA 约会时，有想过、玩过什么有趣、流行的游戏吗？桌
游，正在流行中！

下面，介绍几种正流行的游戏：

一种是"亲密游戏"的游戏。参加的人数需要两人以上，你和

TA 再加上其他朋友，最好有不相熟的朋友，这样玩起来更刺激。这
个游戏需要道具，道具在淘宝网站可以买到。

它的玩法类似以前的飞行棋：一张地图铺开，大家开始掷色子，
然后按照点数开始走棋，遇到需要喝酒时，对家两人就要亲密地喝
上一杯，或是两人热情地拥抱一下，当然还可以想出更搞笑的方式
来处罚。这种游戏最好玩的是多人混战，状况连连，一定会笑翻参
与者，可减压，也可联络感情。

一种叫作"Twister"（中文译名：扭扭乐）的游戏，是柔韧者
的游戏。参与人数以二至四人为最好，也可以就你和 TA 两人玩。
淘宝网站可以买到相关道具。

看过《Sex and the City》（中文译名：《欲望都市》）吗？女主
角 Carrie 也曾玩过这个'Twister"游戏，在一张画满圆圈的图纸上

面，玩着强调柔韧性的肢体游戏。

看似简单的游戏规则，其实考验的是肢体的柔韧性。在一张画满圆圈，涂着各种颜色的图纸上赤脚站立，依靠道具上的转盘转动来决定手脚的去向，完成转盘给自己的指示，身体除了手脚以外其他部位没有接触图纸，才算胜利者，违反游戏规则就算失败。游戏过程中需要身体扭曲变形，如果身体柔韧度不好，肯定很难熬！

一种叫作UNO的游戏。人数越多越好，可以带上TA跟朋友一起玩。道具UNO纸牌依然可以在淘宝网购买。另外，准备大量饮用水用于惩罚，或其他可行的恶作剧惩罚也可行。(PS：游戏时，脑子一定要清醒，要勤于动脑，不然肯定得背负"大输家"的名声！)

它的玩法与以前的"变色龙"有些相似，不过比"变色龙"更为复杂。

UNO的纸牌是专用的纸牌，每副牌附有详细的说明书，可以解答一切疑问。UNO纸牌总牌数为108张，分为普通牌（76张）、功能牌（24张）和万能牌（8张）。

普通牌分红、黄、蓝、绿四种颜色，基本准则是：谁先将自己手上的牌全部打出就胜利。游戏开始，每人派7张牌，然后按顺序一家接一家出牌。只要其中有一人胜出，其余玩家就要开始结算，把手上未打出的牌计算出总点数，点数越多输得越多。

出牌时，下家只能跟着上家所出的颜色出牌，或者按照规则使用手中的功能牌来捣乱和嫁祸。至于惩罚措施，参与者现场制定。

　　游戏中有趣的地方在于功能牌：五种各司职守的功能牌可以让你把牌局搅得天下大乱，也可以让你的对手鬼叫连连。切记，等手中只剩下一张牌的时候要大喊"UNO……"，否则被他人捷足先登了，那就等着接受惩罚吧。

　　桌游，是很时尚的玩乐，是正在风靡的游戏，是种新的生活方式。

　　带上 TA 一起享受桌游带来的乐趣吧！

1 玩 Twister 游戏时，如果你的身体柔韧度不够，不要太勉强某些相对难度较高的动作，以防扭到腰身。

2 UNO 游戏的惩罚要有新意，不要一成不变，否则会减少参与者的热情度。

网络 KTV

随时随地可免费在线 K 歌传情
更有机会成为网络红人
唯独，只闻其声，不见其人

　　KTV 聚会时，TA 只是当个听众，虽然很喜欢部分歌曲，但是由于害羞，不敢唱出声？你是不是又觉得传统 KTV 太过嘈杂，甚至没有专一的听众群？这些烦恼碰到网络 KTV 就统统不叫"烦恼"了！

　　只要一台电脑，一根网线，一个耳麦，就轻松搞定！网络 KTV 让你和 TA 可以足不出户，爱唱就唱！

　　网络 KTV 的平台网站大多有数百间"包房"，有些是开放式的，可以进去欣赏或者献唱，有些则是好友设置的包房，通过身份认证才能进入。如果需要，你可以自己开设一个包厢，约上 TA 尽情地歌唱。

网络 KTV 包房完全模拟现实生活中的 KTV 包房，甚至其功能更丰富。

首先，网络 KTV 所拥有的歌曲更多，可以随意选唱，特别是新歌曲上传的速度更胜一筹。

其次，网络 KTV 中，歌唱者可以选择自己喜欢的图片作为背景图片，也可以进行现场录制，然后将链接网址发给亲朋好友分享。在网络 KTV 中，你们既是歌手，也可以是音乐制作人。

网络 KTV 平台大多设置了评分系统，可为网友的演唱打分，同时也可以由其他网友评分。通过分数积累，一些受欢迎的网友在虚拟社区中的名次、名气会不断提升，甚或成为"网络歌星"。

网络 KTV 只需要备有一副耳机、一个麦克风，根据网站提示下载一个软件后就可以选择自己需要的形式进行演唱了。如果你有视频设备，还可以录制视频 MTV。你可以跟 TA 连麦，在"包房"里尽情歌唱，浪漫、温馨的感觉一点也不少，可谓别有一番情趣。

如果想要更好的 K 歌效果，建议加一个独立声卡和一个动圈麦。(PS：建议买 USB 接口的声卡，方便笔记本、台式电脑兼用，也方便出差时携带；动圈麦用品牌货即可，可减少音质的流失。)

现在主流的在线 KTV 网站有：

1．麦客网。

该网站拥有 3 万首原版 MV 歌曲，5 种创新录歌模式，有唱歌语音评分，最主要是这个网站完全免费！进站注册之后下载一个叫"麦客疯"的卡拉 OK 伴奏软件。拥有此软件，就算没有加强声卡，也可以有很好的 KTV 效果。

2．神唱。

网站曲库提供在线听歌、歌曲上传、歌曲收藏等等。想唱什么歌，就唱什么歌！与 TA，与朋友们分享歌曲建立人际关系时，还可以省却一笔生活中 KTV 的交际费用。

网站提供"群唱"功能。网站提供了 4 个麦克风，眼疾手快就能够抢到"麦"，跟别人一起在网络上进行大合唱；没能抢到"麦"，还可以给朋友助兴，用 DJ 台打节奏伴奏，用包房里的乐器来伴奏，还会有特殊效果的出现。当然，其他参与者唱得好时，要送给掌声；实属不尽如人意的歌声，就用"惩罚""伺候"着。

如果 TA 还是害羞，不太自信，可先用"练歌模式"来试试；等 TA 有足够的自信时，可以带 TA 加入欢唱房，和别的参与者一起 Happy，或是找个"包房"两人偷偷乐。

3．91KGE（中文译名：就要 K 歌网）。

该网站以个人独唱为主，在适配软件的支持下，可以在线演唱或者翻唱名家经典，还可以将自己的头像或者得意曲目上传到网站当中。网站的互动部分，可以给他人的演唱打分，还可以进行 PK

擂台，"麦霸"们还可以借此进行交友。

还仅是在生活中的 KTV 前徘徊？

带上 TA，去网络 KTV "包房"享受一次免费的浪漫 K 歌之旅吧！

想怎么唱，就怎么唱！

① 在家 K 歌时，注意不要吵到周围其他人的休息！
② 要有被邻居敲门训话的准备。

微博互动

快捷方便，可随手操作
能时刻关注对方的心情动态和行踪
但，稍有蛛丝马迹便会天下尽知

感情好，不代表每分每秒都腻歪在一起，但不在一起，不代表不能关心 TA，不关注 TA。

电话联系，简单明了，但给通信公司做的贡献也不少；短信联络，不够前卫，也无法全方位地了解 TA；新新人类，新的生活态度，请用微博！

当你在微博上写到"亲爱滴某人，我想你了"，TA 看到后自然会明白。一条微博就能这么简单地表达你的心情。

用微博记载自己某一刻的心情，某一瞬间的感悟，或者某一条可供分享和收藏的信息。奇妙的是，尽管微博的字数很少，很碎化，但是它们能完成对某事件的完整报道和传播，也能够记录一个普通人生活中所有的点滴。所以把一个人的微博内容全部集合在一起，反倒像是一个人的个人史，几十年后你和 TA 再回过头来看，它就成了连接你们记忆中的那些主干。

微博互动通过手机即可，可以随时更新自己的个人信息，也可以随自己的意愿来关注自己想关注的人，比传统博客更方便。

这 140 字以内的微博，把平民和莎士比亚拉到了同一级别，给了每一个小小的我们展示自己的平台，也引发了大量用户原创内容的爆发式增长。它为世界带来了一个"人人都能发表，人人都可能被关注的时代"。

你和 TA 是否时刻互相"关注"了？赶紧建立微博互动吧！

微博的建立很简单，进入各大微博网站，注册一个账号就可以了。再"关注"TA 的微博，那么 TA 的什么动静，什么心情，你都可以了如指掌，并参与互动。

腾讯微博跟 QQ 是捆绑在一起的，可直接通过 QQ 开通微博，比较方便；登陆 QQ 时，还可及时收到腾讯微博的互动消息。

其他各大门户网站也相继开通了微博服务。新浪推出的微博成为了诸多用户口中的"新浪围脖"。新浪微博可以说主要是"明星效应"，许多明星都在新浪开微博，粉丝可以通过微博了解明星生活的点滴。

网易微博界面简洁干净。网易有超过 3 亿的邮箱用户和 1 亿左右的博客用户，更希望打造一个更开放的微博平台。网易微博不像其他各大网站打着"明星效应"的招牌，用户基本是草根，而且为了突出"网易 163"的品牌特点，字数最大限度为 163 个。

搜狐微博，没有设置字数限制，只强调"一句话博客"。搜狐微博的另一个特点是与博客、视频、相册、圈子等相整合，用户在微博页面可以直达这些产品。此外，搜狐微博强调"围观"的概念，即用户在微博的点击操作次数。

各大微博的选用由你和 TA 决定，可从方便的角度出发。

微博的主要发展平台将以手机用户为主，让每个用户不使用电脑就可以发表自己的最新信息，和好友分享自己的快乐。由此可以看出，方便是它受热捧的最大原因。

如果你能理解为什么流水线操作工喜欢用手机聊 QQ，30 岁 IT 闷汉会掰着 PSP 傻乐，那么你一定也能理解为什么那么多人喜欢在微博上报告自己感冒了，或是抱怨昨晚在电影院坐前排的那个胖子有多讨厌。微博在很大程度上来说，是一个人的心情记录本，是一个发泄自己情绪，希望被大家关注的心情记录本。

把你的心情和行踪发表在微博上，让 TA 随时去了解你，让你也能从生活的点滴中更好地了解 TA。

微博还有一个特点，就是所有的微博都可以转发，你的心情可以让 TA，让更多的朋友知晓。TA 肯定也在关注你!

1 微博基本上是一个敞开的空间，过于隐私的内容不要发布在上面，以免被他人利用。

2 劳逸结合，不要深更半夜还在关注 TA，这样做过于吓人，要留给彼此一定的私人空间。

试驾

能体验开豪车，做土豪的快感
能带着TA去浪漫地兜风，遭尽羡慕嫉妒恨
短暂性的光环，不可沉迷于此中

约会时，你要是带着 TA 开着名牌的跑车在街头兜风，再不世俗的 TA 也会觉得万丈荣光！迎风而行，街边人羡慕的眼光，极大地满足人的虚荣心。可是车这东西是高价格商品，更何况是名牌跑车。那怎么办？借？周围的朋友差不多都一个水平，何况豪车也不方便借。偷？肯定不行，犯法！租？倒是个办法，可是豪车租起来也贵得离谱。

那我们是不是没有一个好的办法来实现这样的浪漫行为？答案肯定是否定的。试驾！可以完全免费带着 TA 好好拉风一回。

所谓试驾，就是在卖车的 4S 店，在经销商指定人员的陪同下，沿着指定的路线驾驶指定的车辆，从而了解这款汽车的行驶性能和操控性能。换而言之就是在 4S 店免费开他们的车上路，试这款车的感觉。试驾是买车前最重要的一环，这一环也就成了你们最妙的兜风时刻。

既然是去试驾，就算你们不是冲着买车去的，但功课还是要做足了，免得露了馅，就扫兴了。

在试驾上路之前，你要选中一款 TA 喜欢的车，然后请销售人员详细讲解，比如后视镜、雨刷、灯光、音响、空调、座椅等控制键以及挡位的具体操作。多问一问配置水平，如防炫目后视镜是自动防炫目，还是手动防炫目；电动车窗是不是一键式的；保养间隔里程是 5000 公里还是 7500 公里；自动感应雨刷是速度感应式的，还是雨量感应式的；等等。总之，多问一些，就显得你越有诚意。（PS：太白痴的问题也容易露馅。）

询问了一大堆的问题之后，你们可以坐到车内，仔细感受一下座椅是否舒适，前后排空间是否满意，控制键操作是否方便，以及方向盘、挡把、手刹是否顺手。

之后就可以要求试驾了。试驾需要提交身份证、驾照，有的地方还需要交押金，所以这些一定要备好。如果你和 TA 都没有驾照，那就邀请有驾照的朋友一起去！

试驾有两种形式，一种是公路试驾，把车开上公路驾驶；还有

一种是场地试驾，这个主要是体验车的性能。我们是去玩的，肯定首选第一种！开上公路兜风。

试驾路线的时间通常只有十至十五分钟，可选择店面以外的道路，特别是宽阔人少的路段。打开车窗，风拂过，爽快惬意。

当然，即使你们不是真的要立刻买车，也一样可以作为一个专业试驾员来试试这款车的性能，也能为以后买车作为参考。

试验一部车的好坏，主要从以下几个方面着手：

1. 原地起步。原地起步加速行驶，猛踩油门看提速是否敏感；在坡路上检查车辆提速是否有劲儿。如果表现不佳，则说明发动机功率不足。

2. 观察离合器，手动挡的汽车其离合器应该接合平稳，分离彻底，否则会起步困难、行驶无力、爬坡无力、变速器齿轮发出撞击声、起步抖动等。

3.宽敞路面上观察，以15公里／小时的速度行驶，方向盘向左、右转动，看是否灵活，有无回正力矩。撒开方向盘不应跑偏。

4.点刹制动检查，以20公里／小时的车速行驶，急踩制动然后松开，不应出现跑偏迹象。以50公里／小时的车速行驶时紧急制动，车辆应能立即减速，不应有跑偏迹象。

5.滑行性能检查，以30公里／小时的速度行驶，摘空挡后，检查滑行距离，一般轿车不应少于150米。

6.检查主减速器，以40公里／小时的速度行驶时，突然松开油门，接着猛踩油门，看主减速器是否发出较大的声响。

7.检查传动，以50公里／小时的速度行驶时，摘空挡滑行，根据滑行距离估计车辆的传动效率是否高。

8.检查减震系统，把车辆开到不平整路面，或多弯的路面，不应有强烈的颠簸感觉。

试驾的时间虽然不是很长，但是4S店很多，可以考虑接着再换另一家。

如果情况可行，你还可以带着TA直接开上大道，着着实实地迎着风享受一下速度的刺激和快感，不过记得注意安全。

1. 在尽可能宽敞的场地或路段试驾，而且要注意周围的车辆和行人，以避免意外的发生。因为你是初次接触这些试驾车辆，不太熟悉它的操控底线，万一出现误操作或车辆失控，可能会造成意外的损失。

2. 做好试驾准备，找出试驾重点。尽量多了解一些你想试驾的车子的性能，别到时候慌手慌脚，试驾本来时间就短，一开上好车不适应而浪费掉时间那就可惜了。

3. 在你每次试驾前，4S店都会给你签一份试驾协议，如果路途中出现什么问题，一切都由你自己负责，所以新手还是不要去开的好，如果真的有什么碰碰撞撞，那你的损失就大了。

情侣瑜伽

简单可行，不受场地约束

锻炼身体的同时，可增加两人的默契度

可能会因为身体的柔韧度不佳而放弃

人类最能增进感情的动作是什么？当然不可能是嘴上的赞美，有没有发现有时候你俩因为某些事而争吵，有时候对方怎么道歉都没用，却在 TA 把你抱紧的时候，一切的脾气都烟消云散。各位情侣们至少都有过一次这样的感受，这就说明，嘴上功夫抵不上一次拥抱，说一百句"我爱你"，不如"亲爱的，让我吻你"这一句。

可见身体的接触是多么的重要，这是一种灵肉合一的境界。TA 的一个拥抱，可以消除一切怨恨，一切不安，TA 的怀抱是世上最安全的港湾，牵着 TA 的手觉得怎么走也不会迷路。这就是接触，在恋爱中，它太重要了。

那么，在你们恋爱的时候，应该怎么好好地利用这种浪漫而又美好的感觉呢。

两人不可能成天都腻在一起，人毕竟不是绞缠的双鱼，但是我们可以通过一种柔软的运动来做到这一点。借运动来纠缠着 TA 吧！相爱的情侣们！

这个柔软的运动就是渐渐流行起来的"情侣"瑜伽，情侣间若没有做过"情侣"瑜伽，那这场恋爱是一定会存在遗憾的！

瑜伽已经不是什么新鲜词，可是似乎变成了女性的专用词，男人们情愿汗洒球场，仇杀网游，对瑜伽这么柔美的运动却不感兴趣。

如果你的 TA 愿意陪你一起练"情侣"瑜伽，那女生一定会感觉特别的幸福，男生们何不把这种幸福赐予她呢。

在柔美曼妙的音乐衬托下，你们两个穿着瑜伽服面对面，四目相望、双手轻握，或者背贴背、发鬓相抵，配合着呼吸法做着精心设计好的动作，透过肢体的和谐默契，形成日常生活的和谐默契，心灵相通。

练瑜伽的好处有多少，这里就不述说了，而情侣瑜伽的好处，对恋人来说，真是太多了，不但有助于刺激内脏器官，提高身体的敏感度；还可以强化整个脊柱，促进造血功能，使腰部纤细、胸部发达、臀部结实。当然，最重要的是，锻炼过程中的亲密接触能给你俩之间的感情加温！

如果是初学瑜伽，应该从入门课程开始，先学习如何呼吸与放松，就能轻松进入瑜伽世界，尤其是情侣瑜伽。下面介绍一套简单的情侣瑜伽，适合所有的恋人。

首先，练习瑜伽要空腹，一般以练习时的前两个小时没有吃过东西为准，这样可以避免倒立之类的动作而引发呕吐。要穿着宽松的瑜伽服或运动服，瑜伽服上身要紧致，下身要宽松。如果有些动做不到位，千万不要勉强，以免受伤。

在正式动作之前，先要暖身。

暖身动作：1. 面对面盘腿坐下，头部向左右各转 10 圈。头部往后时要吸气，往前时吐气。2. 背对背盘腿坐下，两人手臂打开伸直并靠拢在一起，慢慢往上，记得手臂及手掌都要伸直。

接下来是正式动作了，很简单的，适合刚开始练习的情侣们。

双喷泉

1. 两人面对面站立，双脚与臀部同宽，抓住对方手臂。

2. 吸气时用腹部力量让背往后弯，手伸直，吐气时头往后仰看上方，停留 10 到 20 秒，再运用互相拉力使背部伸直。

功效：美化腹部、背部及上胸肌肉线条，并可增加脊椎的柔软度。

注意：有心脏病、高血压、脊椎重伤者及孕妇不适合做此动作。

升降梯

1. 两人面对面站立，双脚与臀部同宽，抓住对方手臂。

2. 吸气时腹部往上提升，两人膝盖慢慢弯曲吐气，手要伸直将重量渐渐交给对方。

3. 膝盖完全弯曲呈蹲姿，背部往上延伸，手伸直，腹部及大腿用力，维持呼吸并停留 10 到 15 秒后，两人双手互拉，慢慢伸直膝盖后站立。

功效：紧实大腿肌肉美化线条，并加强双腿、背部与腹部力气。

平桌式

1. 两人面对面站立，双脚与臀部同宽，抓住对方手臂。

2. 先吸气，腹部往上提升，两人外侧的脚往后退并慢慢吐气。

3. 另一只脚也后退，低头，身体往前伸直与地面垂直，拉长脊椎，停 20 到 30 秒，脚往前伸直，回复站姿。

功效：拉长腿部线条，防臀部下垂、美化背部，舒展胸口、肩膀压力和酸痛，因下背较难延伸，配合呼吸慢慢伸直，勿太勉强，多做几次会有进步。

双月式

1. 双脚并拢、膝盖伸直，两人手牵手距离一米左右，先吸气，慢慢举高伸直于外侧的手，再吐气。

2. 外侧的手在头上方相勾，骨盘外推，停 15 秒到 20 秒，放手后，外面的手往上延伸，带动上半身回到中间再转身换边。

功效：消除侧腰赘肉，并可美化手臂、背部线条，增强臀部及脊椎的力量。

注意：腰、背部受佐者不适合做此动作。

双人树

1. 两人并肩站立，互相从背后搂腰，收小腹但不要翘臀。

2. 吸气，重心移到内侧脚，外侧脚弯起紧靠内侧腿部，手抓住脚踝保持平衡，慢慢吐气。站立时膝盖不可以弯曲，上半身微往前易平衡。

3. 找到平衡点后，将抓住脚踝的手放开后与对方合掌，维持呼吸停留 10 到 20 秒后再吐气，慢慢将合掌的手放开，外侧的脚放在地板上。

　　功效：强化臀部及腿部肌肉，紧实线条，并可借由寻找平衡感，保持心灵的集中与安静。

　　练习瑜伽不仅会让你看起来更年轻漂亮，也让你的心态更加年轻，可以延缓衰老，是现代人的一种最好的健康保健运动。而情侣瑜伽在此之上，不只让你们的身体年轻，更能使爱情永久保鲜，如果你的 TA 愿意和你一起练习情侣瑜伽，那真的要恭喜你，你拥有一个十分爱你的 TA。

① 不要一味追求姿势优美，记住，让自己最舒适的程度，就是瑜伽动作的最佳程度。同时，你还要注意对方的感觉，千万不要为了造型而强迫对方。

② 上面所教的只是身体的练习，但其实瑜伽最重要的是双方意志精神的集中，还有两人之间呼吸的配合，请抛开一切杂念。

③ 练习过程中会出一些汗，所以事先要准备好毛巾和喝的水。

个性 BAR

绝对够新鲜，绝对够刺激
完全可以享受不一样的酒吧文化
不是随处可见，需要细心去发现

　　中国有两大文化——烟文化和酒文化。酒，早已成为人们不管是社交还是闲暇时的必需品，一个人独处，需要它来催眠；两个人约会，需要红酒来造气氛，约会害羞时，来上两口，害羞感就荡然无存了。

　　你肯定要跟我说酒吧有什么，我们早就去过了。对，你说对了，酒吧或多或少都成为城市人的消遣地了，跟 KTV 有得一比。所以，若再带 TA 去普通的酒吧，那就没有啥新意了。

　　要去就得去有个性的主题酒吧，光喝酒的酒吧已经 OUT 了。

　　酒吧还得混合各种主题玩乐才更有个性，主题酒吧你去过吗？在那里不是某某驻唱歌手很牛，不是来了某某明星，在主题酒吧里，最耀眼的"明星"是那些在各个方面有专长的人，比如陶艺很牛的人，读书破万卷的读书人，攀岩界出名的人。

　　现代城市人生活越来越紧张，心理压力越来越大，人变得焦躁易怒。压抑攻击性不如合理释放攻击性。所以，看拳击比赛，甚至自己上去练两手成为心理解压的一大良方。有没有想过在酒吧里一边喝着酒一边听着音乐看拳击比赛！有没有想过在酒吧里也可以很安静地喝着酒听着音乐看书？这些都是主题酒吧的特色。

　　主题酒吧不仅是给人消遣的，还可以给吧客们提供学习机会。比如以陶艺为主题的酒吧，你可以学习陶艺；以读书为主题的酒吧，也许会让你沾上一点文人气息；……这里的学习是相互的，是自愿的，你可以得到各行各业里大师的指点，没有隔阂，娱乐学习相结合。酒吧自然、轻松、随意、舒适的环境气氛，能给你们带来忘我的精神感受，一些东西在玩乐之中自然而然就学会了。

　　如若有朋友说你们只知痴迷流连酒吧，父母说你们"不学无术"，那么就在某一天，在某个热闹的大家相聚的场合，当大家都喝得畅快的时候，给他们秀上一把你们在主题酒吧学到的"绝活"，让他们知道，酒不只是光喝，还能配合其他的玩乐，更能学到赏心悦目的"绝活"。

　　静吧也是主题酒吧的一大特色，这个区域专为志同道合的"聊

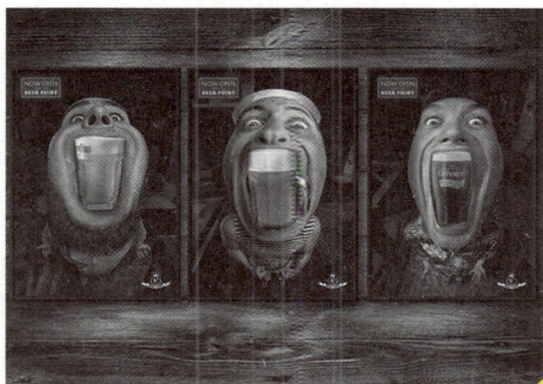

友"准备，温情脉脉的萨克斯，色彩斑斓的鸡尾酒……这里的空气弥漫着浪漫的味道，静静地谈心或是坐在这里听那似有若无的音乐，让思绪随着音乐一起流淌。这里提供的游戏规则可以让你真正放松自己，面对志同道合的"陌生人"，你们完全不用顾忌，大方说出自己的心里话。

如果你们觉得这些也不够刺激，那么就可以找更为新鲜有趣的酒吧，这些酒吧，往往开设的地点与所有其他酒吧都不一样，可以算得上是世上唯一的酒吧。

不过这些酒吧分布在世界各地，如果想去尝试一番，需要高昂的费用，如果你们舍得花这个钱，那绝对可以说是一辈子都能记住的一次约会。

在南非林波波省有这么一个酒吧，它远离城市的喧嚣，孤零零扎根于一个偏僻农场，这却没有影响到它的知名度，反倒是每年会有数千名世界各地的游客纷至沓来，这就是林波波省著名的猴面包树酒吧。

这棵猴面包树已经有 6000 多岁了。在一棵树的里面饮酒作乐，是多么别样的浪漫呀。

比利时布鲁塞尔有家 30 多年的棺材酒吧，生意一直非常红火，目前顾客已遍及欧洲各国。酒吧走廊是一条长约 10 米的窄窄通道，通道的两边画着阴森墓园气氛的壁画，通道尽头是挂着黑色帷幕的入口。"棺材酒吧"的室内装潢以黑色为基调，墙上、天花板上挂着几副棺材的盖板，花圈与骷髅挂件点缀其间。大厅里有一张用木质棺材当基座的玻璃茶几，棺材板上附有耶稣被钉在十字架上受难的木刻。在棺材里喝酒，大有与君同销万古愁的豪迈。哈哈，就是不知道女生们敢不敢了。不过亲爱的他就在身边，有啥不敢的呢。别说棺材了，地狱也敢是不是！

美国马萨诸塞州的波士顿有家科学奇迹酒吧，它让人好像是进入了一家小型化学实验室。吧台和餐桌均铺有实验室风格的火石板，到这的客人也只能坐在旧显微镜、科学仪器以及阿尔伯特·爱因斯坦画像周围的脚凳上，这些家伙一点也不舒服。最像化学实验室的东西莫过于菜单。科学奇迹酒吧的菜单列在一块黑板上，好像一个元素周期表：Cb 代表干酪汉堡包（cheeseburger），Vb 代表植物蛋白饼（veggie burger），在本属于原子量的位置注明饭菜价格。科学奇迹酒吧的常客包括诺贝尔奖得主，如果你们去了一定要品尝一下"UFO 啤酒"。

去酒吧，是约会必不可少的一个项目，但去怎么样的酒吧，就显出约会的独特性了。去普通的酒吧尝到的只是酒味，可是去这些有个性的酒吧，你们就能体会到不一样的浪漫。

不要担心这些酒吧过于难找。这些独特的酒吧，有可能就在城市的某个角落，某个不打眼的地方，用心发现吧，朋友们！

1　若你向酒吧里的歌手点歌，应该叫来服务员，让他向歌手转告你的意见。给歌手小费，也不可直截了当，把钱塞给歌手或扔到台上都是不礼貌的。应该把钱夹在纸里，最好藏在一束鲜花中送到歌手面前。

2　仿西式的酒吧，柜台前都设有不带靠背的单腿皮凳，顾客可以坐在柜台前喝酒。这是一种方便的设施，是为那些没有时间久留的人准备的。请不要坐在上面谈笑风生，影响吧台里的工作人员。

拳击馆

能让男人变得更有男人味，让女生变得野性十足

是减压的好去处，更是缓和矛盾的奇妙方法

时刻想保持淑女形象，只能绕道而行

一个人受了气，心里烦，或者与别人吵架的时候最想做的是什么？这个问题有点白痴了哈，那肯定就是把气给发泄出来！

所以很多人会爆粗口，想摔东西，动手打人，往往这个时候人的理智都已被愤怒给战胜了，别人的劝告基本都听不进去。

特别是在一个人感受到非常大的压力的时候，不知如何是好，才有了那么多患抑郁症的人，不好的东西憋在心里总有一天会爆发。那个刺了母亲八刀的孩子，就是压力太大之下的一大悲剧，遭前男友前女友报复而动手动刀的事情也不胜枚举。这都是心里压着事情没有及时解决而造成的。

吵起来的话，有时候很伤感情，那么怎么办？朝 TA 吼啊："吵架算什么，有本事跟我打一场。"

双方有了矛盾，如果不能心平气和地解决，那也不要放在心里憋着，大大方方来干一场架，也许就可以一笑泯恩仇了！

当然我所说的干架，肯定不是真的拿着刀火拼，我指的是戴起拳套，在拳击馆里两人对打一场，当所有的愤怒都发泄出来后，再好好谈。

所以我们平时约会的时候能干什么呢？恋爱的时候一定要好好练习拳击呀，以防备哪一天 TA 的拳头！

说这么多，也就是说你们平时约会的时候可以去拳击馆学习拳击。你们若认为拳击只是暴力那就大错特错啦。

听说过"腓肽效应"吗？腓肽，是一种被称为"快乐因子"的身体激素，当你大力挥拳给对方的时候，身体就会产生这种效应，它可以愉悦你的神经，把压力和不快乐统统带走，当然愤怒也就在其中消失了。拳击已经成为一种减压的新宠！

拳击训练是非常健康的，而它真正的魅力在于，它激发了男性们的男子气概，它让一个人变得有男人味，挥拳而出的时候感受到的是一种强大的力量，是一种战胜懦弱的自我感觉。拳击练习要求练习者自律且专注，它的进攻性让平时不得不压抑的男儿们，可以淋漓尽致地发泄。

女生们看到这，千万别说女人就不能玩拳击了，绝对不是，拳击根本不只是属于男人，当你狠狠地挥他一拳的时候，他绝对只会在旁边惊讶地说："哇，亲爱的，原来你的拳头这么厉害，太帅了。"

对女生来说，拳击不只是玩乐，也能防身。女人打拳其实比男人更好看，柔与刚的结合，刚柔并济让人看着舒服。在遇到危险之时，还可以用来应付危险。

两人一起去拳击馆吧，好好地来学习拳击，对打几次，真有儿时打架的感觉，既不会对社会造成动乱，又可以体会暴力的快感。

练习拳击，最开始最好买个沙袋在家里练习，标准的拳击沙袋，里面装的并不是沙子，而是废的纱头、碎旧布等软质物，沙袋的外套用的是皮革或人造革，适合新人练习，不会因此伤到手。一般高

100cm，直径 30cm，重 15kg。沙袋的价格有便宜有贵的，便宜的在四五十元左右，贵的有好几百的。

还需要买一副拳击手套，拳击手套是经过填充的手套，可以帮助保护拳手的手腕和手指关节。同样是五十左右至几百的都有，便宜的很容易打坏，所以基本要买二百元左右的。当然如果你们只是偶尔玩玩，买个五十元的也可以了。

练习沙袋的方法：开始的时候轻打，先是一拳一拳仔细慢打，把所有规矩都做到位，争取把不守中以及掉手臂等毛病修正过来。然后下一步就是快打，在快中把握细节，全身一点都不能错。再来就是组合拳，最后是身法躲闪晃动的同时打击。记住，出拳是用身体出拳，不是挥胳膊，而且要顺便练习准头，就是眼看哪个点，拳就打到哪个点。所有的一切都是先轻打再重打。打拳时，当拳要接触沙袋时，腕关节要紧张，拳要握紧，拳面要平。用摔手和抽手击沙袋时，肩、肘、腕关节充分放松。练习前手指关节要活动热，方可摔打，也可轻摔、抽沙袋，待手指发热后再用力击打。

当然自己在家练会省钱，但若是找个有经验的教练，会让你们的拳击技术很快到位，不过这东西自己练有自己练的乐趣，闲暇没事还能两人对着来一小段　就算偶尔打到伤到哪儿也不会严重。

练拳击也能增进感情呀，不是有一句话说得好吗，打是亲，骂是爱，最爱用脚踹！可见打斗也是感情维系的一种良方！

1. 若发生挫伤，可让同伴抓住手掌，然后持续用力将腕关节拉开，而后放松，再拉，如此若干次。让其复位，如果比较严重，复位之后，先冷敷，进而热敷。

2. 初练或腕部有轻伤者，可带上护腕，但护腕不适合长期使用。

3. 打沙袋之前要进行常规热身，以达到畅通气血、活动筋骨之目的。

4. 接触点是拳峰，然后才是拳面。接触沙袋时，不要为了让拳面完全接触沙袋而使拳与小臂角度变样。如果训练强度大，建议戴上专用的沙袋手套。

逛车展

观看名车，拓宽眼界的最好去处
还能欣赏美丽的车模　主办方才是主子
不是随时都有大型车展

车，作为人类现代一种还有些奢侈的交通工具，让人们向往，而豪车，更是让人做梦都想拥有。漂亮的流线型身躯，华丽的外表，世上顶级的名车，若能让我们摸上一把，那感觉肯定爽极了！

可是顶级名车绝对不会满大街跑，偶尔见着一辆也是眼前一过，留给我们羡慕嫉妒恨！就梦想自己马上中个大乐透也去提一辆。

可是恨是没有用的，豪车依然还开在极少数人的手里，咱们普通大众肯定是买不起呀买不起，买不起没关系呀，买不起咱看得起呀！

这如今天雷地火般的一些展，什么画展，车展，花展，动物园，植物园，那都是给人欣赏的地方，给我们小小平民们一个瞻仰奢华梦想的地方。

要看顶级名车，那还得去车展，什么4S店基本看不到这些东西。

车展，说白了就是各大车商们，展出它们的杀手锏产品，为自己的品牌打广告。许多车更是首次面世的。

车展当然不能如4S店那样轻易让你试驾，它只是给你看。看各大厂商们最新制造的豪华车，绝对是一场万众瞩目的汽车盛宴。

一般车展的票价也就在几十元左右，最多不会超过百元，带上TA，好好地享受一下这场汽车盛宴吧。

刚进车展场地，你一定会被吓倒，车展的展馆一般都非常非常大，无数厂商会来参展，世界名车全都会来。这么大的场馆要从何地开始参观绝对是个大问题，也许你转上一天都没把场馆转完，而且发现自己好像什么都没看到，你会发现自己陷入了一片迷茫！

车展是不会给你准备向导的，所以看车展也就需要技巧了！

咱们是去看车的，所以一定要选择平时路上很不常见的车来看。

这个很不常见的车并不难找。第一，找展台！车展会给各个品牌安排不同的场馆，会划分开来，烂大街的品牌你们可以无视，直接找稀奇的名牌，比如法拉利、保时捷、兰博基尼、莲花以及劳斯莱斯这些又贵又豪华的品牌就是了，像大众、丰田这些就先别管了。

第二，找人群，越是超豪华的品牌展馆，也就是观众最多的地方，看上去挤了一堆人，没错，直接挤上去就好了，定能看到惊艳的汽车。

如果你们不这样去找的话，那在偌大的展馆里，你就等于走马观花，不但会走得脚肿人累，还会一点记忆都没有。

当然车展不只是光看车！车展还有什么，还有美女模特呀！

车模这个令人流口水的汽车搭配，有时甚至比汽车更吸引人。平时被女友管得死死的男生可以在车展一饱眼福了！女生们可不要在这个时候还小气，美丽的东西是要大家一起欣赏的。

而女生们可以观察车模们的打扮、发型，还有首饰之类的，这些车模都是经过专业设计师打造出来的，从她们身上就可以看出当年的流行装扮。要知道，看一场车展，通过车模了解时尚，比看几十本流行杂志都管用！

而更多的女生看到这么漂亮的车模，是不是想到自己要好好打扮一番？稍胖的女生可能一回去就开始拼命减肥了，而平时不怎么爱打扮自己的女生，说不定也会变得精心拾掇自己来了。

哇，看一下车展，好像看一部励志大片呀！绝对够刺激。

主题回到车上面来，看这样的车展，一定要记得带上数码相机，把这些豪车通通记录在自己的相机里，再和豪车来张合影，臆想一下，也是激励发奋赚钱的方法！

　　当然，豪车看完之后，还可以去低档次点的展位看看，这里所说的低档次只是与超豪华的车相比较而言的，实际上，能上得了车展的车，基本没有差的！

　　很多车展会有一个主题，比如环保节能之类的，所以会有一些虽然不是什么豪车，却十分新鲜有趣的车，像如面包般的车，如鸡蛋样的车，可爱得让人流连忘返，这些当然也不能错过。

　　看完车展在咖啡馆里再喝杯咖啡休息一下，激励一下对方，好好努力，争取能买上豪车！

① 场馆很大，女生记得穿上平底鞋，千万不要穿高跟鞋去跟车模比美，要不然受苦的是自己。

② 车展人多，特别是豪车的旁边，妥善保管好你们身上的重要东西，手机钱包时刻注意，两人互相注意一下对方。

③ 最好别乱碰，要是真弄出点什么刮伤的，这车可真赔不起。

SPA

可以保养皮肤，进行身体排毒

能让自己和 TA 变得更青春洋溢

男性 SPA 馆较少，不及女性 SPA 常见

保养，绝对不是什么新鲜事情了，女生们从十几岁开始就知道要如何保养自己：很小的时候我们就被父母在冬天里涂上雪花膏，这就是最原始的保养。

女生们知道要给自己用洗面奶，要给自己挑黑头，去粉刺，知道要给自己涂日霜、夜霜，给自己做面膜，把自己保养得跟花儿一样。

可是女生们，你们在保养自己的时候，是不是忘了一个人，你的那个他，你有带他一起做面膜吗？你有给他的脸做定期护理吗？

男生们，你们有这意识吗？你们的皮肤不是抗风抵雨的牛皮呀，

你们的皮肤照样是脆弱的，你们的皮肤一样会毛孔粗大，易出油，长粉刺、黑头和暗疮，可是男性们好像很少会注意到这一点。

比较讲究的男性可能会用用洗面奶，而更多的男性，从来没有涂过保养品之类的！更别说面膜呀，去角质之类的。

看到这里，亲爱的女生们看下你身边的他的皮肤，男生们照照镜子看看你自己，再怎么帅也得保养不是！

再怎么好的皮肤，一直这样不保养下去，也是要变质的，保养不是女性的专用词，男人同样需要。

约会的时候不知道干什么，那还不简单，一起给皮肤来次大护理呗！

很多SPA馆并非只针对女性，男性要保养，照样可以去。还有很多专门针对男性的SPA馆，它们会有一些面部及身体的护理项目，什么光能特效、深层洁净、睛明眼护等都有。这样的SPA馆所使用的产品也都是针对男性皮肤的，全身排毒，泰式按摩什么的，一个不落。

女生做SPA的时候，男生们完全不要只是傻等，躺下来，一起做呗。

当然，现在专门针对男士的SPA还是比较少，所以，嘿嘿，亲爱的女生们，男友的"面子"问题就要交给你们了。

咱们不上SPA馆，咱们自己在家自己来做保养。

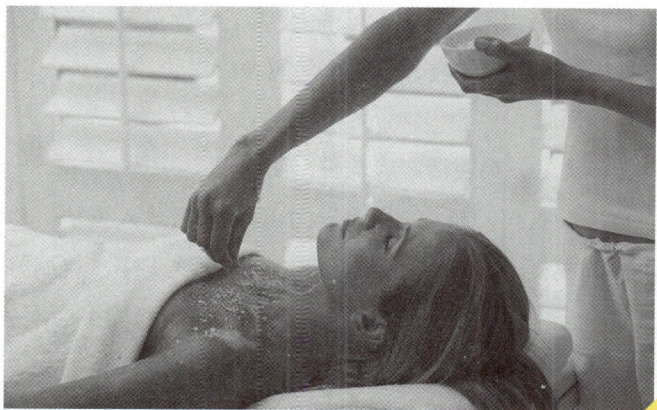

　　相信很多女生都知道该怎么保养自己，那保养男友，其实也跟保养自己差不多。

　　想想两人敷着面膜，共同躺在客厅沙发上看着电视，看到好笑的都绷着个脸不敢笑，那真的是种幸福呀！

　　最有意思的，面膜你俩可以自己制造，完全 DIY。

　　介绍几款容易制造的 DIY 面膜。

第一种，香蕉美白面膜。

　　配方：香蕉（可以用芭蕉），全脂牛奶，水。

　　将香蕉弄成糊状，然后倒入全脂牛奶，再加入少量水，这些东西的比例大概是 2 : 5 : 1，然后往脸上抹，然后轻轻拍打脸部，最后什么都不要做。

此方法可使皮肤清爽滑润，并可去除脸部痤疮及雀斑。这种方法适合任何一种皮肤，一周一次，可软化角质净白皮肤。

第二种，芦荟面膜。

配方：芦荟，黄瓜，鸡蛋清，珍珠粉，面粉。

将芦荟、黄瓜放入榨汁机榨汁后倒入小碗，然后放入蛋清、珍珠粉、适量面粉调成糊，以不往下流淌为准。把脸洗干净，将调好的糊抹在脸上，干后洗净，拍上柔肤水、护肤品即可，每周1~2次。

第三种，番茄蜂蜜美白面膜。

这个美白配方可同时作脸及手部美白。特别是暗疮皮肤，能有效去油腻，防止感染，使皮肤白皙细致。

配方：番茄半个，蜂蜜适量。

将番茄搅拌成番茄汁后加入适量蜂蜜搅至糊状。均匀涂于脸或手部，待约15分钟洗去。建议每星期做1~2次。

第四种，绿豆面膜。

配方：绿豆，牛奶，面膜纸一张。

将绿豆连皮磨碎，再将牛奶慢慢倒入，并混合搅拌成糊状。

将调好的面膜敷于面部，由下巴开始，至两颊、鼻子、额头，之后再将面膜在面部抹匀，并在上面敷一张略湿润的面膜纸，避免面膜在空气中蒸发过快。

半小时后面膜里的精华被皮肤吸收，即可将面膜洗去。面膜不宜在脸上停留时间过长，否则易堵塞毛孔。

使用频率：一般一厉一次，如果是干性皮肤，建议 10 天一次。

面膜制造完了之后，女生要先给男生把脸彻彻底底洗个干净，然后帮他搞定粉刺，挤掉黑头。挤黑头的时候两人脸对脸，贴得可是很近哦。咳，当然要忍住，不能乱动，小心挤粉刺的工具弄伤到脸部。

之后再帮他涂上面膜，当然如果你很懒，可以教他怎么弄，那么下次你就不用这么累了，不过就好像帮男友装扮一样，帮男友做面膜其实也是一种享受，可别为了懒惰而错过了！

敷上面膜之后呢，就可以安静地倒在沙发上看电视了，一定要告诉他，面部表情不要乱来，否则会产生皱纹什么的。

这个时刻也不能怎么说话，不过如果两人都阴阳怪气地说话，也很好玩呀！

要是怕影响到面膜效果，最好还是听听音乐，浪漫的，抒情的。携手听音乐，做面膜，心灵都能交流在一起。

洗掉之后要给他拍上爽肤水，涂上护肤品，最后让他在镜子前看看自己是不是美白了，是不是白多了，是不是要感谢一下你的功劳。

两人都干净美白到不行，赶紧趁机吻一下对方吧！一场面膜约会，就这么顺利成功了！

1 日晒前最好避免敷用柠檬、黄瓜等易发生光感反应的食物面膜，否则易产生皮肤过敏现象。如果敷了，不要外出。

2 有些SPA馆有针对男性护理的，有的却没有，如果实在想在SPA馆里做，一定要询问它们是否有男性的护肤品。男女皮肤毕竟不同，不能混着用。

3 敷了面膜千万不要去上网，电脑的辐射要不然都到面膜上了，那就白做了。

潜水

体验美妙的海底世界
新奇，浪漫，自在，开心
费用有点高

　　海底，一直是人们想要探求的地方，那里有我们从未见过的生物。每次去海洋馆，看看那些五颜六色、新奇有趣的生物，总想自己也能置身于其中，与它们一起游弋。

　　海洋馆有潜水员，和鱼儿们一起表演的工作人员，这项工作，想必很多人去海洋馆都要羡慕一番。

　　潜入海底，曾经是很多人的一个梦。可是海底太危险，再会憋气的人，也不过只能待几分钟就得上来，潜入深底，更加是不可能。

　　可人类，对于未知的东西是相当的渴望，上天入地下海，这些人类现在都一个一个在攻破。潜入海底早已不是梦想，现在这项新

奇好玩的项目也被开发出来成为了娱乐。

　　潜水是利用一些可以帮助呼吸的工具，潜入到海底，是一项以水下活动为主要内容的娱乐。随着它的出现，走进水中世界早已不再是童年的心愿，双人潜入海底，更是一份令人惊喜不已的浪漫行动。

　　现在的潜水，根本不需要学习什么潜水技巧，便可以真正感受潜水的新奇，即使是不会游泳的人，也可以潜得很好。水中的世界四通八达，可上可下，可翻跟斗，逍遥自在。想象一下当你徐徐潜入清凉明澈的水中，阳光被水折射成无数个星星，在眼前不断地闪烁、耀动。五彩的鱼儿亲昵地依偎在身边，你会欣喜地感觉到自己置身于一个美妙的新奇世界，尽情欣赏五颜六色千姿百态的海底生物；当成串的气泡欢快地漂过耳际，你会惊奇地发现您正轻松地扇动脚蹼，自如地悬浮于水中，真心体味水中世界的奇妙、浪漫、自在与开心。

大海是美丽的，同时也是危险的，所以并非任何人都能去真正的海底潜水，不过现在已经有了模拟自然水域的海底世界，这些可以让初学者体验到潜水及与鱼同游的乐趣！

对初学潜水的你们来说，这是最好不过的约会方式了！一起潜入海底，在水中做个手势告诉 TA，你爱 TA，与 TA 一起携手游弋，做一对深情的比目鱼。再浪漫也不会大过如此了吧！

潜水分为浮潜和水肺潜水，浮潜是比较简单的，只需利用面镜、呼吸管和脚蹼就可以漂浮在水面，然后通过面镜观看水下景观。只需要通过简单的培训，而不一定需要取得浮潜证书，即可进行浮潜活动。这种很适合休闲潜水的人。

如果你们想玩得专业一些，那么就可以选择水肺潜水，水肺潜水是带着压缩空气瓶，这个空气瓶并不是大家以为的氧气瓶哦，它是空气瓶。带着它利用水下呼吸器在水下进行呼吸，是真正地潜入水底的一种潜水。若想完全体验到潜水的最深层乐趣，水肺潜水完全可以让你们领略到，什么是真正的海洋底层，什么是真正的海底世界。水肺潜水可以让你们随心所欲地在水底悠游。

水肺潜水需要更多的装备，全套水肺潜水装备包括面镜、呼吸管、脚蹼、呼吸器、潜水仪表、气瓶、浮力调整背心和潜水服等，潜水员在开放水域潜水时，还会携带潜水刀、水下手电乃至鱼枪等必要的辅助装备。装备齐全才能较长时间地在水下连续潜水，不过空气瓶里空气毕竟有限，在空气消耗完毕之前一定要浮出水面。

下海潜水的必要学习：包括呼吸管和调节器的使用方法，潜水首先要适应的是在水下以口代鼻的呼吸方式，就像感冒一样。这些教练一般会说明。

而入水时的姿势也分为多种，对于初学者的你们来说，最好使用正面坐姿入水。

另外还有正面直立跳水，这个适合水深在 1.5 米以上的海底，双脚前后开立，一手按住面罩，一手按空气筒背带。

背向坐姿入水，面向里坐于船舷上，向后仰面入水。

侧身入水，在橡皮艇上浮卧滚身入水。这个比较刺激。

入水之后，需要潜降到更下面，潜降的时候，如果使用浮力调解器，就要配合配重带，头朝上脚朝下进行潜降；如果不使用浮力调解器，那么就头朝下脚朝上这样潜降下水底。

上升时要把上升速度控制在每分钟 18 米以内，简单说就是不要超过自己呼出的气泡的上升速度，不要停止呼吸，上升时抬头看水面，可以伸出右手指定方向，注意背后，身体缓缓自转。

入水前的准备工作非常重要。自己亲自检查装备功能是否正常，然后让 TA 再帮着检查一遍，这样才能保证装备万无一失。

潜水的时候，你们两人从入水到上岸都必须在一起。不能自行上岸，两人要经常保持联系。如果落单，一定要保持镇静，浮上几米，寻找同伴，找不到时就浮出水面，注意观察气泡。超过十分钟，仍无同伴的踪迹，应回到入水地点。

请在水底紧紧牵手在一起，如果你丢失了 TA，一定要找到 TA 再上岸，这个就是潜水的两人同行原则，这个原则可以很好地增进你们两人的感情，共同进退，永不丢弃，你们说是吗？

① 若无必要，请不要猎杀水中动物。

② 千万不要等到有限的空气用完时才去检查空气余量，水下没有这些空气是十分要命的，任何玩乐应安全第一。

③ 对于初次潜水或潜水时间不长的人，水的压力会使人的耳道感到不适，甚至疼痛。此时应用手捏住鼻子，用力向鼻腔内鼓气，从而使耳道内气压升高，抵消水的压力，再向下潜。耳道内疼痛难忍，应立刻上浮，别逞强。

拍摄 MV

可以两人自娱自乐
体验编剧、导演、摄影师与演员的滋味
要有 MV 剧情的构思，更要有足够的耐心

只要是听音乐的人，都看过 MV，其唯美的画面，加上歌手和演员的完美演绎，把一首歌曲的意境很好地表现了出来。

每一部 MV，或悲伤哀婉或欣喜快乐，有时一部 MV 甚至能感动很多人。你们有没有想过，某一天自己也能成为 MV 的主角，把你们自己的爱情真实地表达出来呢。哇，配上幸福的旋律，该是多么浪漫好玩的一件事情。

你要说，哎哟，没人请我们去拍 MV 呀，又不是演员什么的！问题是，谁说一定要别人请你去拍才能拍 MV！咱们完全可以自己拍 MV！

　　现在能拍 MV 的机器，满大街的，又不像以前，一台摄像机十分稀奇。现在的数码摄像机都满大街了，再说没有摄像机，咱们还有手机，现在的手机大多带有摄像功能的。

　　有了拍摄的设备，就要两人分工了，首先要把你们相遇相识相恋的感情过程演绎出来，当然要商量好两人所要做的动作，比如两人是在便利店第一次见面，那就要找一家便利店，重新把当时见面的场景表演一次，反正是玩乐，咱们不是专业演员，所以就算演得不好也没关系。

　　整个故事要安排好，先拍什么样的场景，再拍什么样的场景。从认识开始，接着是相恋，然后相恋的争吵，或者平时的浪漫都要安排到故事里，这些你们记忆里很清楚。

　　事先计划好之后呢，就要开始拍摄了。拍摄在条件及环境的允许之下，最好使用三脚架固定拍摄，如果是手持拍摄，很容易因为手抖影响画面的稳定性；如果环境不允许，一定要用手持拍摄，也要用双手握住数码摄像机。而且你们自己就是 MV 的主角，如果不能固定拍摄，那就得请朋友们帮忙拍了。

　　虽然是拍着玩，但也还是要讲求一些拍摄的基本技巧。拍摄人物和场景时，有时候拍摄景物比较特殊，还有周围环境有可能混乱，使得拍摄出来的景物会模糊不清。为了避免这一现象，要调成手动对焦，将镜头集中于拍摄的主体，这样就不会因为别的因素影响到拍摄效果，不过大多数的时候可以使用自动功能，自动对焦来拍摄。

下面介绍一下拍摄的方法：

第一种"跟拍"，就是摄像机跟随运动着的 TA 拍摄画面。镜头可连续而详尽地表现角色在行动中的动作和表情，既能突出运动中的主体又能交代动体的运动方向、速度、体态及其与环境的关系，使动体的运动保持连贯，有利于展示人物在动态中的精神面貌。

第二种推镜头，将摄像机放在移动车上，咱们没有专业移动车，可以弄个小板车，把摄像机固定在上面，人推着板车走，对着被拍物体向前推近拍摄。摄像机向前推进时，被拍摄的对象在画幅中逐渐变大，将拍摄重心引导到所要表现的部位。其作用是突出主体、描写细节，使所强调的人或物从整个环境中凸显出来，以增强其表现力。推镜头可以连续展现人物动作时的变化过程，逐渐从形体动作推向脸部表情或动作细节，有助于揭示人物的内心活动。

第三种是将摄像机放在移动板车上，对着人物或景物向后拉远摄取画面。摄像机逐渐远离被摄主体，画面就从一个局部逐渐扩展，使视点后移，看到局部和整体之间的联系。

以上所说的是拍摄的一些基本技巧，如果采用这样的拍摄方法，拍出来的 MV 就不显得特别业余。

拍摄完了之后，所拍摄的还只是一些片断视频，离一支真正的 MV 还差一截呢，还需要后期处理，加入音乐。拍了 MV，还得制作 MV。

制作 MV 的第一步，需要把所拍摄的这些素材进行剪辑，把一些没用的镜头剪掉，只留下适合 MV 的镜头。

进行剪辑需要剪辑软件，一般的视频格式为 RMVB、DAT。如果是 RMVB 格式，那么推荐使用 Real Media Editor 这个软件进行剪辑，操作简易、快捷，网上可以下载。如果是 DAT 格式，需将文件的后缀名".DAT"改为".MPG"。剪切 MPG 格式文件的方式有很多，网上一搜能搜出一大堆，推荐用 TMPGEnc PLUS 2.54 免安装汉化版。

剪切出来的视频素材还需要再转化一次，因为 MV 制作软件只支持导入 WMV、MPG、AVI 等格式的视频文件，所以如果你的素材是 RMVB 或是 RM 格式的话，就必须先将其转换成可导入制作软件的格式。转换视频格式的软件很多，这里就不推荐了。

接下来就开始利用 MV 制作软件制作 MV 了，最常用的 MV 制作软件叫"绘声绘影"，这是个功能强大的视频制作软件，只要你会打字，这个软件就能帮你们在最短的时间内学会如何制作 MV。

加入你们最喜欢的音乐，一支 MV 就制造出来了。如果你们想把 MV 上传到网上，那么就还得把制作好的 MV 转换一次，因为为了保障视频的质量，一般制作出来的 MV 都是 MPG 格式，这种格式不方便传到网上，所以利用软件压缩成小容量的格式，比如 RMVB、WMV 格式。关于这样的压缩软件，网上能搜到一大把的，推荐 Easy Real Media Producer 1.94 这款。

如果你们用的是高级摄像机的话呢，这些所谓的制作软件及转换软件，购买摄像机时附带的一个光碟里都会有。没有的话可以在网上下载。

说了这么多，是不是感觉有些头晕，其实真正做起来很简单：第一，拍摄视频；第二，处理视频，先剪辑出来，再转换格式，制作，就完成了。

制作爱情 MV 可能有些麻烦，但是把自己的爱情故事制成 MV 做纪念，这是多么浪漫的事情呀，比送一大卡车的玫瑰都有意义！

① 你们都非专业演员，所以动作难免会有些生疏，要求不必太高。
② 不会制作 MV 的话，可以请别人制作，现在一些影楼会接这种业务。
③ 善用一些拍摄技巧，让 MV 更华丽完美。

定向运动

过程中充满了新奇、期待、惊喜

可圆时下最流行的寻宝之梦

需要会熟练地查看地图

知道现在什么书最流行吗？盗墓的，寻宝的！知道什么电影最受欢迎吗？寻宝的！知道什么最刺激吗？寻宝！

如果有一天，你拿着宝藏图给你的 TA，说亲爱的我们一起去寻宝吧！想想 TA 的表情！惊喜，开心，或许会对你翻白眼，还有可能以为你是在发烧，白日做梦，神经不正常了，拉你去看医生。

如果 TA 的反应是后面这两项，这只能说你平时给 TA 的惊喜太少，寻宝这么刺激又欢乐的事情你们怎么能让它只存在于书里电影里！

看到这你肯定要苦恼了，不是你们不想寻宝，而是这个世上根本没宝藏让你们寻，你这苦恼是很正常的，这世上确实没有真的宝藏。可是为了能让大家都能体验到寻宝的刺激和惊喜，人们就发展了一项探险寻宝运动——定向运动！它完全可以带给你们惊险刺激的人生经历！1918年，瑞典一位名叫吉兰特的童子军领袖组织了一次叫作"寻宝游戏"的活动，引起了参加者的极大兴趣，这便是定向运动的雏形。

你们没有理由错过这样的运动！定向运动很简单，不需要什么特殊的装备，就平时我们穿的衣服就好了；当然你要穿一双运动鞋，就算不是运动鞋也得是平跟的皮鞋，如果你高跟鞋技术很高的话，那也没关系，真摔着了，让男生扶着好了，假如你不介意拖他的后腿。

只需要一张详细精确的地图，一个让你们不至于迷失方向的指北针，还有一张能表现出你们到达过那些宝贝地点的打卡纸，这些定向运动的活动方会提供。

定向运动一般在森林、郊外或公园进行，如果学校很给力的话，还可以在大学校园里。

这些都齐全了，那就说说到底要怎么玩。这一张详细精确的地图上面会标有很多你需要到的目的地，你们利用指北针找到那个地方，目的地那里会有个打卡器，你们打好卡，证明你们来过此处。目的地通常有许多，地图上会有标明，也会编上数字，会画上线路。

把所有的目标全找齐到达终点就算胜利。

这就好像某些武侠片里的寻宝一样，集齐多少宝物，便能号令天下！

如果你肯花些心思，你可以让工作人员帮你在各个目的地放上TA 喜欢的礼物，当 TA 找到目标的时候，见到礼物那就真的是寻宝大惊喜。

说起来似乎很简单，但其实让人们能体会到"寻宝"感觉的定向运动却不是那么容易。

需要能够读懂地图，更需要使用指北针。指北针能简便地标定地图和确定你所在的方位，确保地图上的地物符号、地貌符号与实地地物、地貌之间的对应关系。所以，在定向运动中，读识地图，掌握指北针性能是基础，使用地图和指北针是关键。

先说说地图的使用，首先要标定地图，这是使地图的方位与实地方位保持一致的方法。标定地图就可以便于地图与实地对照。在定向运动中，利用地图可以确定运动点、运动方向和运动路线。

标定地图的方法有好几种，对于只是偶尔玩玩的人来说，一般用的是下面两种：

1. 概略标定：若已知实地方位，只要将地图平展，水平转动，使地图上方（即磁北方向或极北方向）与实地磁（极）北方向保持一致，地图即标定。已知实地方位是根据太阳、季风、植物等自然方向现象判定实地方向。若在夜间进行定向运动，在晴朗夜晚，还可利用北极星判定实地方向。

2. 指北针标定：使指北针磁针的北方向与地图磁北方向（或一般地图的极北方向）保持一致，地图即标定。

标定地图后，就应立即确定你们现在所站立的地方在地图上的哪个位置。这是现地使用地图的关键。

确立站立点的方法有：目估法、后方交会法、截线法、磁方位角交会法、透明纸法等。

目估法：利用明显地形点，采用大致估计的方法确定站立点在图上的位置。

后方交会法：先标定地图；然后选择离站立点较远的图上和现地都有的两个以上明显地形点；现地交会（把地物与图上的相应符号连一直线，两直线的交点就是站立点）。

截线法：当站立点在线状地物上时，可利用截线法确定站立点在图上的位置。先标定地图；然后在线状地物的侧方选择一个图上和现地都有的明显地形点；进行侧方交会。

不论采用哪种方法确定站立点，均应对站立点周围地形进行仔细研究，防止位置不准、点位判错、目标用错。标定地图后，若在使用中移动了地图，须重新标定。采用交会法时，交会角不小于30度或不大于150度。条件允许时最好用第三条方向线进行检查。

之后，按照地图开始选定你们的行走路线，通过地图与现地对照，以保持沿选定的路线进发，到达预定地点。

　　或者也可以利用指北针，按照预先在图上量测的磁方位角保持正确行进。指北针的红色指针应永远与地图上指明北方的红色箭头及红色竖线保持平行，这样就不会迷失方向，永远知道自己身在何处。

① 行进中应边走边对照；随时确定在图上的位置；随时注意要通过的方位物和地形；做到"人在路上走，心在图中移"。

② 在通过特殊地形时，在岔路口、转弯点、居民地或地形有变化等，要及时现地对照，保持正确方向。

③ 走错路时要及时返回或迂回原路，判断正确后再前进。

漂流

李白先生有一句著名的诗句，"飞流直下三千尺，疑是银河落九天"。可见水流直泻而下是多么的壮观、惊险与刺激。

若是人也随着这飞流直下三千尺的水流而泻，那又是何等的刺激！当然，真的飞泻三千尺，那人肯定没命了，毕竟咱们不是加勒比海盗里的那些海盗们，飞下地狱之瀑都能存活下来。

三千尺我们没有胆去征服，但是咱们可以征服小一点的，几米的落差，对于漂流来说完全不是问题呀！

驾着没有动力的竹排或者皮筏，从上至下借用水的流动力来移动，在时而湍急时而平缓的水流中顺流而下，从高地直落低处，在这落差之中寻找刺激，这就是我要告诉你们的一项好玩的休闲玩乐——漂流！

漂流，肯定离不开水，水真是人类最好的伙伴，它能给我们生命，更能给我们带来快乐。

漂流的工具挺简单的，要么是橡皮筏，要么就是小木船和竹排。最常用最普遍的当属橡皮筏，不过在有些较直的，少弯道礁石的河段，用小木船的话更有感觉。而竹排则适用于风平浪静的河流。

要真正感受刺激的漂流，当然要用橡皮筏了，橡皮筏的适应性非常强，即使遭遇落差较大的瀑布或是险峻的河谷，也几乎总能化险为夷。

因为橡皮材料柔韧性能好，又有充气囊可以柔克刚，一般的礁石奈何它不得，一般也不用游客操心。漂流过程中自有舵工负责，舵工的主要任务就是把握好方向和平衡，遇到急流险滩和礁石时能妥善处理。

橡皮筏上一般配有几片供游客操作的桨板，在平缓河段时，游客可以在舵工的指导下自己划桨，过一把以桨划水的瘾。

漂流的一般时间是每年的四月到十月，但实际最佳时间是夏季，那时水温较高，不会冷，就算掉入水也无大碍。

漂流差不多是人泡在水里了，所以你穿着应尽量简单。衣服最好选择容易干的布料，鞋子当然就要选择凉鞋了，总不可能穿皮鞋和运动鞋去，那样泡了水将极度不舒服，有可能会把脚上的皮肤浸泡得肿胀，所以一定要选凉鞋。

像照相机、手机之类的，就不要带着去漂流了，漂流的起点处有存放贵重物品的地方，就算你一定要带，想在漂流的时候自己留影、自拍，那也得事先准备好一些密封好的塑料袋，防止它们被水浸湿，还得做好它们随时有可能掉入水中的心理准备。

救生衣一定要穿，虽然它们被许多人穿过，而且有股很大的汗臭味，也并不干净，但是你必须穿，这是保证安全的最佳方法。

一切准备妥当之后，就可以下河开始漂流了，大部分时候，水流是比较平缓的，不会有很大的刺激，最刺激的是在激流地方，这些激流分布在整个漂流线的不同地方，有的某个地方突然出现一大股水，这样的激流很短。有的是从高处突然降到低处，一泻而下，利用落差来享受刺激，有的是在狭窄的悬崖缝中，要挤压而下！

上船之后第一件事是要仔细阅读漂流须知，要听从工作人员的安排，不要自己乱来。漂流船通过险滩的时候一定要听指挥，切不要乱动，也不要紧张，抓好安全绳，身体向船体中央倾斜就好了。

有些激流容易翻船，不过这个不需要害怕，因为你穿有救生衣，而且漂流的河道一般不深，若是你会游泳就尽量游到岸边，不会游泳的人尽量抓住河中的礁石或橡皮筏的安全绳，等待救援。在漂流的过程中需注意沿途的箭头及标语，可以帮助你提早警觉跌水区。在激流区时，要抓住艇身内侧的扶手带，坐在后面的人身子略向后倾，保证艇身平衡并与河道平行，顺流而下。当艇受卡时不能着急站起，应稳住艇身，找好落脚点后才能站起。

女生要是怕水，就牢牢抓住男友吧，相信他一点会很好地保护你。

在平静的漂流河道，可以选择小竹排漂流，驾着小竹排，悠闲地漂流着，很是惬意。

手持竹篙，一边深深浅浅地撑着竹，一边观赏河岸景观，优哉游哉。若是正好遇上落日余晖，那就再浪漫不过了。

1. 不要在漂流的时候私自下船游泳，即使游泳也应按照船工的意见在平静的水面游，不得远离船体独立行动。
2. 漂流完了下来，你的全身都已经湿了，所以在出发时，最好携带一套干净的衣服。
3. 对于自助游可自行购买短期出游意外保险，找保险公司或者网上购买，保险费用在 20 元左右。
4. 漂流的地方水大都很凉，所以你可别抵挡不住它的魅力，不要随便下水。
5. 漂流时所穿的衣服，不要太薄或色彩太淡，要不万一掉水里你会很尴尬的。这个，你应该懂的，特别是女生。

溯溪

体会不一样的山林生活
倾听山间溪水的声音，回归大自然
有危险性，适合胆大的人群

溪流，这个词，一直都存在于我们的大脑之中，可是真正的小溪，又有几人真正领略过它的精彩与清爽，甚至与它亲密接触过呢？

除了那些在大山里长大的人，几乎很少有人真正地见过从高山上、树林间，蜿蜒而下的溪流，这些比不上瀑布声势浩大，缓缓而下的溪流，构成了大山间一处幽静的美丽图意。溪流往往被人们忽略，而它们却是野外运动最好的伙伴。

大山林间，人们迷了路，只要沿着它走就能找到生路。而它们的源头到底在哪里，却似乎很少有人去追究，仿佛它们的出现是很自然的一件事情，无须去追究源头，有些人想追究却因为一些地理的困难而放弃。

可是有一项运动却让人想去征服这些小溪，查一查它的老家到底在何处，这项运动就是溯溪。溯溪，也就是从溪的下游往上游走，直到找到溪流的源头，这些源头往往在风景独特的顶峰。一路上可以与溪流亲密接触，攀登着它们而上，这就是溯溪的乐趣所在。带着 TA 一起去征服那小溪，攀到顶峰，瞧一瞧人间的仙境，许下对 TA 的诺言吧，那将是一辈子也让 TA 无法忘记的诺言，在顶峰你们所说的每一句话都将成为永远的烙印。

溯溪就种类可以简单地分为完全溯溪、段落溯溪。

完全溯溪，就是沿着溪流的下游直溯而上，直至顶峰。不少顶峰都拥有绝色的风景，而且千年来人迹罕至，绝对是人间仙境。当然，找寻这样的人间仙境，是有很大的难度的，但是成就感和收获也不是一般运动可以比拟的，可以说是穷水之源而登山之巅的一项探险活动。

相比完全溯溪段落溯溪就简单多了，因为它只是选择一段溪流溯行，可上可下，主要还是享受露营垂钓的乐趣，顺带欣赏飞瀑峭壁等美景，是最普遍最让人放心的溯溪方式。

专业溯溪要用到许多不同的技术来完成，譬如背着行李横跨溪流、游过较深的水面、在岩石间跳跃前进、通过绳索攀爬瀑布或者

峭壁，暗流和峭壁、山洪暴发都可能让溯溪者大吃苦头。可以说，溯溪整合了登山、攀岩和游泳等户外运动的精髓，除了体力、耐力外，勇气与团队合作也相当重要。

虽然需要很大的勇气，但是所体验的快乐也是别的活动难以比拟的。

只有十几度的水温，充满愤怒的水花，让人的身体体会到一种难以言表的快感，直到人们爬回岸边很长一段时间，各个关节仍然充斥在一种空旷麻痹的感觉中，这是一个朋友所形容的溯溪的美妙之处。因为溯溪，你可以钻进曾经梦想的深山老林；因为溯溪，你要用上并不纯熟的混合攀岩技巧；因为溯溪，你必须努力提高泳技甚至打一场艰难的水仗，这样的感觉难道还不会激起你尝试溯溪的冲动？

看了以上这些，你们可能真的冲动了，可是又被那些困难给吓得退却了，其实，溯溪并不是什么高难度的运动，只要装备得当并有必备的常识，即使不常运动的人也会爱上这项疯狂的游戏。溯溪还是现今最佳的消暑良方。

溯溪的装备可不少，因为每溯溪一次，基本是等于参加了登山、露营、攀岩及野外求生等一系列的户外运动，所以装备很多。

溯溪鞋：为溯溪者必要的装备，不要使用无阻滑作用的鞋，要使用防水材料的溯溪鞋，既有阻滑效果又不易磨损，以两指式抓地力较强为最佳。这种溯溪鞋国内很难买到，但手工编织的草鞋和带防滑功能的运动凉鞋也可作防滑鞋。

护腿：用防水材料制成，除有一定的防寒性外，又可免于杂草岩石碰伤、擦伤、割伤之虑及防止蚂蟥等的叮咬，分为长统和短统两种，长统除防护小腿外还可护膝。

头盔：可用轻便的攀岩头盔或登山头盔，国内的工程头盔也可替代，但必须有安全认证标志。头盔能保护头部免于溪攀滑坠及落石袭击。

防水背包：以能够携带溯溪设备和攀登用品为准，太大太小均不适合。最好使用骑行包。

防水内袋：溯溪有时得在深潭峡谷中泳渡，背包下水是常有的事，要使背包里的东西达到防水的效果，必须加个防水的内袋。

排汗内衣及快干衣物：溯溪的衣物讲求快干保温，选择快干的衣物及排汗内衣是很必要的，它可以让你保持体温，同时排除汗液，避免着凉感冒。千万不要穿牛仔裤，打湿了很难干，穿在身上还特别重。

下降器主绳：直径 9~11 毫米，防水，拉力在 2000~3000 千克，攀登用。

安全带：攀登者穿在身上，由铁锁等与主绳相连，起保护作用。

铁锁：用于连接各种绳索、安全带及攀登器械，使用简便。

上升器：在攀登过程中，用于向上攀登时使用，也起保护作用。

下降器：在攀登过程中，用于从上方下降到下方的专用器械。

防水镜：可保护眼睛。

防水衣物的选择以轻便、透气性良好、易干燥的尼龙面料为宜。保暖衣物和露宿帐篷、炊具、食品等视日程的安排而有选择性地携带，物质装备的准备以轻便、负重不宜过大为准则，帐篷可以携带外帐。另外可自带渔具等，在露营时进行垂钓之乐。

参加溯溪活动之前，应研读有关溯溪技术的书籍，学习各项攀登、溯行的技术与知识，参加各种训练讲习。两人一起学习一起练习攀登等技术也是件幸福的事呀。

溯溪活动之前都要做好行前准备计划，要由资深经验者带队，研究溪谷的地理特色与天气的变化，要有熟练使用地图的技术。一般这样的计划会由资深的驴友制订，出发前会把前进的路线和撤退路线说给你们听，作为新手的你们按他们的计划行事就好了。

跟随有资深经验的溯溪团队是安全的最好保障，同时要记得买个保险什么的。

好了，就出发吧，尽情享受这份刺激吧，溯溪而上，攻破那座顶峰吧，记得在顶峰的时候好好拥抱，记得大叫三声"我爱你"！

1. 从事溯溪活动一定要组队结伴，切忌两人单独进入溪谷中，以免受困无法脱身。
2. 不要摸黑赶路，如果傍晚前没有找到适合的宿营地，就考虑野地露宿，摸黑赶路特别容易失足受伤。
3. 遇到天气转坏时，如果是下雨，溪水很可能上涨，更可能发生山洪暴发，所以一定要赶紧撤退，玩乐是好事，但切不可搭命进去。发生意外灾难时，可向各地公安派出所报案请求协助。

露营

不一样的生活，不一样的睡眠
浪漫——睁开眼便是星空
天气变化无常，安全问题需要多加注意

  天天待在床上睡觉有没有厌烦，有没有想过地当床天做被的生活？那么多武侠片里面，行走江湖之时，英雄侠女们随遇而安的生活你有没有向往过？

  光向往是没有用的，还得行动。带上你的 TA，笑傲江湖一回有何不可？选个周末，带上装备，找个近郊野外，在户外安个床，你们可以在青山绿水之间，烹饪美食。可以相拥坐看花开花落，所有美丽的地方都是你的花园。到了晚上，喧嚣的城市进入了宁静状态，睁开眼睛就能看到满天的星星。第二天，在第一缕阳光中睁开眼睛，转过脸便是对方清新的笑容。如此贴近自然，惬意浪漫，又披星戴月的生活，对于热恋中的你们来说再适合不过了！

五月草长莺飞，风轻云淡，是最适合露营的季节，准备好装备出发吧！让我来告诉你露营需要哪些装备：

帐篷，帮你抵御风雨的侵袭，最好选择结构稳定、重量轻、抗风、防雨性能较强的双层帐篷。

睡袋，让你拥有最好睡眠质量的东西，羽绒或鹅绒睡袋轻便，保暖效果好。如果环境条件比较潮湿，最好选择人造真空棉睡袋。

背包，用来装东西，背包构架应符合自己的身体结构，并有舒适的背负系统（如肩带、腰带、背板）。

背包里该装些什么呢？那要装的东西可就多了。

1. 生火用具：打火机、火柴、蜡烛、放大镜。其中蜡烛既可用作光源，又是极好的助燃剂。

2. 照明用具：营灯（分电营灯和气营灯两种）、头灯、手电筒。

3. 野炊用具：水壶、多功能野炊锅、锋利的多功能折刀、餐具。

4. 专用工具：指南针、地图、绳索、折叠锹、针线、鱼钩

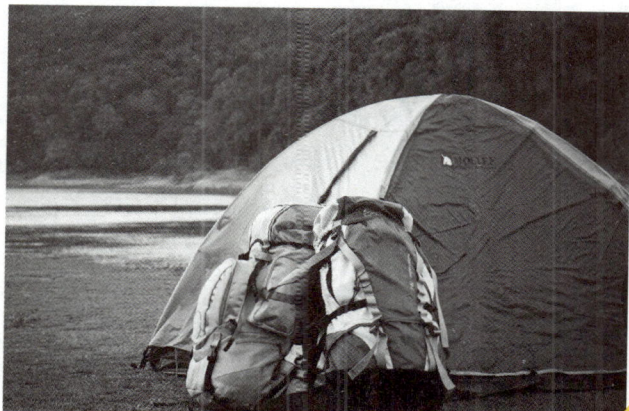

鱼线、砍刀、照相机。

5. 水和食品：热量大的肉类、糖类、脂类、盐。

6. 救生箱：解毒剂、消炎粉、感冒药、腹泻药、云南白药、镇痛药、纱布、胶带、绷带。

准备妥当之后就可以出发了！到了目的地之后，第一件事就是安营扎寨，这跟行军打仗倒是挺像的。

首先要选一个好的扎营地点，以安全为第一，风景为第二。这是确保宿营安全的根本。

近水。露营休息离不开水，近水是选择营地的第一要素。所以，在选择营地时应选择靠近溪流、湖潭、河流边，以便取水。但不能将营地扎在河滩上，特别是雨季较危险。

背风。在野外扎营，不能不考虑背风问题，尤其是在一些山谷、河滩上，应选择一处背风的地方扎营。还有注意帐篷门的朝向不要迎着风。背风同时也是考虑用火安全与方便。

扎营的时候不要靠近崖边，更不要在崖下面，指不定睡着的时候，突然一阵大风，石头就开始砰砰往下掉，那可就要变成杯具了。

扎营的地方尽量靠近村庄，在荒郊野外的，谁也不能确定会有什么意外发生，要有什么急事还可以向村民求救，少了柴火、食物的时候还能向村民借点。

如果你们想玩个两天以上的时间，在好天气情况下应当选择一处背阴的地方扎营。如在大树下面及山的北面，最好选择早上被太阳照的，而不是黄昏被夕阳照晒的地方。这样，如果在白天休息，帐篷里就不会太闷热，如果你愿意自带个电风扇也没关系。

最后，切记，这是个常识，千万别在雨季或多雷电时，把营地扎在高地上、大树下或比较孤立的平地上，那样很容易招致雷击。

所以扎营的地点是非常非常的重要，关系到这次露营的成败，安全永远是第一位的。

如果是一起去露营，最好你们叫上朋友一起去，人多更热闹，也更安全。

选好点就开始造窝了。扎帐篷前，应该先将选好的营地打扫干净，清除石块、矮灌木等各种不平整、带刺、带尖物的任何东西，不平的地方可用土或草等物填平。造窝也有讲究，要分成几个区，就像一个家庭一样，客厅、厨房与厕所都得分开。为了方便住宿、就餐、娱乐，我们得把营地分成宿营区、用火区、取水区、就餐区、娱乐区及卫生区等。

布置帐篷露营区时，应该注意：所有帐篷应是一个朝向，即帐篷门都向一个方向开，朝北都朝北，朝南都朝南，并排布置，帐篷之间距离至少要在一米以上，在没有必要的情况下尽量不系帐篷的抗风绳，免得把自己给绊倒，除非你去的那天风力实在有些大，你怕晚上风把帐篷给卷跑了。必要时可以在帐篷区外用石灰、焦油等刺激性物质围帐篷画一道圈，设置警戒线，避免虫蛇等爬行动物的侵入。

而在布置其他几个分区时，应该注意，用水区应在溪流或河流上分上下两段，上段为食用饮水区，下段为生活用水区。这个应该不用说明是为什么了吧。

就餐区应紧挨用火区，以便烧饭做菜及就餐，这个区域要与帐篷区有一定的距离，以免火星被风吹起而烧着帐篷。

烧饭的地方最好选择有土坎、石坎的地方，以便挖灶建灶，拾来的柴火应当堆放在活动区外或上风口处。活动和娱乐的地方应该在就餐区的下方，免得活动的时候扬起的灰尘污染餐具之类的东西。

好了，一切准备妥当，坐看风景，和朋友们一起聊天，扯淡，玩游戏，多拍几张照片，等到时间，便开始生火做饭吧，要知道柴火做出来的饭菜可是特别的香。晚上的时候和 TA 背靠着背坐在一起，聆听夏季夜晚的虫鸣、蛙叫声一片。阵阵晚风吹过，最后记得对 TA 说声晚安。

① 自己驾车去露营为最好的选择，如果要环保低碳可以选择骑自行车。

② 可邀上两三个朋友结伴而行，相对安全些。

③ 注意照顾自己的财物，手机、相机、钱包一定要贴身放。条件允许的话，有人轮流看守为最佳。

观星相

绝对超级浪漫，不但能增进感情，还有趣味性

更是培养了一种爱好，可了解神秘的星空

容易受天气的局限性

　　星星，神秘而耀眼，让夜晚变得浪漫而绚烂。春夜的星空非常迷人，银河从南出发，蜿蜒流向北方。夏夜的银河，横贯南北，气势磅礴。而秋季的星空是飞马当空，银河斜挂。最壮丽的是冬季的星空，最著名的猎户座和它周围明亮的星座组成了一幅光彩夺目的图画。

　　这么美好的夜晚，我们难道只能坐在草地上数星星吗？想起来似乎有些浪漫，但感觉挺枯燥吧，一颗二颗三颗地数着，怎么都像因为失眠而在数羊！

　　你一定知道北斗七星，也一定知道牛郎织女的故事，可是你能

在繁星点点之中找到北极星吗，你能找出隔着银河遥遥相望的牛郎星和织女星吗，天空中那么多的星座，你能认出几个呢。星座这个又玄又神秘的东西，其实一直都在对我们的生活产生影响，这么好玩的东西，而你却只是傻傻地拿来练习数数，那也太浪费了！

从现在起，带上 TA，两人在黑夜璀璨的星空里，开始认识这些星座吧！它们后面还有很多的传说哦，一边找寻着它们，一边想着那些浪漫的传说，是不是会比光数着星星静默的强！

观星座，首先要有天文望远镜，没有天文望远镜，双筒望远镜也行，如果连双筒望远镜也没有，那就用肉眼好了。不过最好还是天文望远镜，或者双筒望远镜。

晴朗无云的夜晚，带上望远镜，找一个好的观星地点。所谓好的观星地点，第一肯定不能在污染严重的地方，在污染严重的地方肯定是看不到星星的，然后在高楼林立的地方又经常被其他东西挡住视线，所以最好选一处远离众多光源的、比较空旷的地方，如果在较高的山顶上，那观星的效果就更好了。

找好地点，摆好望远镜之后，先想想自己要找的星座，刚开始玩的人最好带一幅星图，星图可以在网上下载一个，也可以自己买一张。

最开始，从大的星座认起。大的星座通常都会有很亮的亮星，这些亮星让我们可以很容易地认出这些大的星座。所以刚开始认星的时候，先从它们开始，而且这些大的星座通常都有神话故事，更能方便我们辨识与记忆，因此这些星座在认识后也不容易忘记。小的星座则多由暗星组成，既不易寻找，也难以确认位置与形状，所以刚开始别去碰它们，免得扫了兴。

我们居住在北半球，所以北极附近的星座一年四季都在地平线上，入夜之后几乎都能找到。例如北斗七星（属于大熊座）在春夏两季都能见到，仙后座在秋冬两季也都能看见。先认识这两个星座，认识它们之后便能很容易地找出其他星座了。

北斗七星很容易找，读小学时老师就教过这个星座。它像一把勺子，而且组成北斗七星的几颗星都是亮星，所以很容易在天空中找到。在春季北斗七星当空高悬，几乎靠近天顶，我们肉眼就可以找出它来。通过斗口的两颗星连线，朝斗口方向延长约 5 倍远，就找到了极亮的北极星。

以北斗七星为准，向南看去，就可以看到雄伟的狮子座。它是春夜星空的中心，头部像镰刀，尾部像三角形，头西尾东，很像一只狮子。它的最亮星，叫轩辕十四，月亮和行星经常运行到它的附近。

狮子座的西面是巨蟹座，是黄道十二星座之一。巨蟹座往西是黄道星座的双子座，几颗较亮的星组成长方形，最亮的两颗是北河三与北河二。

夏季的星空，北斗七星在西北方，斗柄指南。同样沿着斗口找到北极星，也就是小熊星座。小熊座的南边，是蜿蜒曲折的天龙座，天龙座的头部由四颗星组成，是个小四方形。

在星空的南方是巨大而引人注目的天蝎座，这个星座由十几颗亮星组成，像极了蝎子，头朝西，尾朝东。天蝎座最亮的一等星是心宿二，也叫大火，有火红的颜色。天蝎座隔着银河的对面就是天鹰座，而我们最熟悉的牛郎星就是天鹰座里最亮的星。古代传说牛郎织女七月七日鹊桥相会，实际上牛郎星织女星相距16光年。即使乘现代最强大的火箭，几百年后也不能相会。牛郎星两侧的两颗较暗的星为牛郎的一儿一女——河鼓一、河鼓三。传说牛郎用扁担挑着一儿一女在追赶织女呢。它的对面就是它追赶的织女星，隔着一条银河遥遥相望。

天蝎的东面是人马座，其中的6颗星组成"南斗六星"，与西北天空大熊座的北斗七星遥遥相对。人马座部分的银河最为宽阔和明亮，因为这是银河系中心的方向。

秋夜的星空晴朗透明，也是看星的好机会，这个季节的星空，最多的就是王公贵族了，什么仙王、仙后、仙女、英仙和飞马都能看到。

巡视秋季星空，可从头顶方向的"秋季四边形"开始，这个四边形十分近似一个正方形，而且当它在头顶方向时，其四条边恰好各代表一个方向。秋季匹边形由飞马座的三颗亮星和仙女座的一颗亮星构成，十分醒目。

飞马座东北方向是仙女座，它呈"一"字形，在仙女座 β 星的北面有一个肉眼能见的河外星系（M31），也叫仙女座大星云。仙女座北面是 W 形的仙后座。仙后座西面是仙王座，这个星座里面有颗变星（变星就是星光强度有变化的星），中文名叫造父一。仙后座的东面则是英仙座。英仙座 β 星，中文名大陵五。

四边形的东南面是双鱼座和很大的鲸鱼座。鲸鱼座的 ο 星，有个很纠结的中文名——蒭藁增二，是一颗有名的变星。这颗变星最亮时为 2 等星，最暗时根本看不见。

虽然冬季相当寒冷，可也是观星最好的时候，因为冬季的星空最为壮丽。冬夜银河的位置与秋夜的正好相反，由东南向西北斜挂天穹，著名的大犬、猎户、双子、金牛、御夫、英仙及仙后星座均由东南向西北依次排列在银河的周围。

最引人注目的，当然是高悬于南方天空的猎户座，猎户座主体由参宿四和参宿七等 4 颗亮星组成一个大四边形。在四边形中央有 3 颗排成一直线的亮星，像猎人腰上的腰带，另外在这三颗星的下面，又有 3 颗小星，它们是拄在腰带上的剑。整个形象就像一个雄赳赳站着的猎人，昂首挺胸，十分壮观，自古以来一直为人们所注目。

看到这里心动了吗，心动了就赶紧找个晴朗的夜晚，带上你的TA，两人去漫天的银河系寻找它们去。

带上星图，可以一人看星图，一人看天找星座，找着找着你会发现原来最亮的那颗星就在自己身边。

① 郊外地方蚊虫多，最好带上蚊怕水、花露水之类的，减少蚊虫的骚扰。

② 初看星空会觉得密密麻麻的，不知从哪里认起，所以要找一些亮星，如北斗七星、猎户三星、天蝎三星、飞马四星，等等，慢慢就会把别的星座也认识了。

地震体验屋

可行性强，还可测试两人的共患难度

能更明晰 TA 在自己心目中的重要性

容易暴露出人自私的一面

　　《2012》看过吧，没看过？那么些的美国灾难大片应该看过吧，也没看过？那么我国四川汶川的地震知道吧，一瞬之间万房倾倒，大家都被突如其来的灾难弄得不知所措。日本的大地震应该知道吧，海啸极速袭来，卷走了房屋和一切财产，生命在那一刻变得弱小无比……

　　这些我们都见过，却没有体验过。恋爱的时候，我们有开心有伤感，也应该需要一些大灾大难来增进感情，面临困难的时候，你的 TA 会做出什么样的条件反射，这个，你想知道吗？那么，让我们在恋爱的时候不妨去地震体验屋，一起去体验一下大地震来临时的慌张与害怕，体验一下我们内心真实的想法。大灾难来时，你会为能与心爱的人在一起而庆幸、难过，还是其他呢？

地震是种无法准确预测的灾难，这些年随着地震的频发，人们的防护也做得越来越好，开始学习地震知识，预防地震，了解地震来临时应该怎么做，不过这些还不如去"实地"体验一下。

地震是地球内部发生的急剧破裂产生的震波，在一定范围内引起地面振动的现象。根据这个原理，人们制造了地震体验屋。体验屋是在一个虚拟的动感平台上，模拟地震的横波、纵波及抖动等，并且通过频闪灯、烟雾器及视频音响等特效模拟地震发生时的情景，让体验者有身临其境的感受。

地震体验屋和平时我们住的屋子一模一样，里面摆设着电视机、音响、桌子、燃气灶、盆子、杯子等物品。走进去以后，也许当你俩还在欣赏房子的内部环境时，突然，屋内一道蓝光闪过，随即电灯灭了，屋子震动了一下。紧接着，房子开始摇动起来，电视机、盆子杯子、锅等散落在地板上。当你们刚准备伸手扶住墙时，房子开始剧烈晃动，餐桌、椅子等随着震动开始来回晃动、移位，房顶上的灯再次闪了几下后灭掉了，屋里一片黑暗。

这个时候你们会怎么做，谁也不知道，这个要你们自己亲自体验了之后才知道，在这样的大地震面前，我想你们应该会更珍惜对方，更加热爱生命。

地震分为很多等级：

1级：没有感觉，仅仪器能记录到；

2级：微有感——特别敏感的人在完全静止中有感；

3级：少有感——室内少数人在静止中有感，悬挂物轻微摆动；

4级：多有感——室内大多数人、室外少数人有感，悬挂物摆动，不稳器皿作响；

5级：京醒——室外大多数人有感，家畜不宁，门窗作响，墙壁表面出现裂纹；

6级：京慌——人站立不稳，家畜外逃，器皿翻落，简陋棚舍损坏，陡坎滑坡；

7级：房屋损坏——房屋轻微损坏，牌坊、烟囱损坏，地表出现裂缝及喷沙冒水；

8级：建筑物破坏——房屋多有损坏，路基塌方，地下管道破裂；

9级：建筑物普遍破坏——房屋大多数破坏，少数倾倒，牌坊、烟囱等崩塌，铁轨弯曲；

10级：建筑物普遍摧毁——房屋倾倒，道路毁坏，山石大量崩塌，水面大浪扑岸；

11级：毁灭——房屋大量倒塌，路基堤岸大段崩毁，地表产生很大变化；

　　12级：山川易景——一切建筑物普遍毁坏，地形剧烈变化，动植物遭毁灭。

　　地震体验屋的体验级数只到八级，也就房屋严重损坏的程度。地震体验屋的级数是可以选择的，当然更多的人都选择八级，级数越高，体验就越惊心。

　　当你和心爱的人在地震体验屋里时，房子开始颤抖之时，你们第一想到的是要保护自己，还是保护对方，这个条件反射会在第一时间体现，也就更加考验了你们的感情。这也是测试感情的一个好方法，估计玩这个能拆散很多对，不敢去的人，说不定心里就是有鬼哦。哈哈！

　　体验过后，你们还可以做体验考核，体验考核可以让你们学到更多的地震防护知识。学会地震灾难的基本常识，学会怎么自救，怎么互救。增加临震的应变能力，谁也不能肯定这世上什么灾难都不会找到你，学会防护没有坏处，不是有句话吗，不怕一万，就怕万一。

　　在玩体验屋之前，我们应该先适当了解一些地震知识，也不至于去体验的时候在你的 TA 面前显得太过懦弱和不知所措。

　　首先，刚开始房子有点点晃动时，应该先关掉房子里有关水电

气的一切东西，如电视、冰箱、煤气灶、热水器。而房子开始烈剧
震动的时候，男孩请赶紧拉住女孩找个安全的地方躲起来，充分展
示你的英雄本色。最好是选择在坚固的家具旁边，要镇静，即使知
道是体验，在那种身临其境的体验之下，也一定会慌，一定要尽力
保持镇静，然后蹲下或坐下，脸朝下，额头枕在两臂上。

　　不要选择躲在床下、玻璃和镜子还有大窗户前面，大地震的时
间很快，时间不过十几秒到几十秒，你和 TA 两人紧紧拥抱在一起，
体会一下那种同生共死的感觉。在地震过后，出了体验屋，请对 TA
说一句：有你在，真好。

① 此体验只适合感情深厚的情侣，如果觉得自己对对方的感情不够，最
好别轻易去体验这个。

② 大灾难当前，最容易体现一个人的自私和无情，但同时也要怀着宽容
的心态。

参加看房团

既能提前了解一些购房的信息，又能享受
贵宾般待遇
最重要的，可以促使两人更加奋进
因为暂时不能购买，会有些许愧疚

有句很有名的话：不以结婚为目的的恋爱都是耍流氓。你们的
恋爱是不是在耍流氓，那肯定不是，每对恋人都或多或少会幻想一
下以后的日子，有个小窝，温馨的家。恋爱，会送很多的礼物给对
方，衣服、首饰、鲜花、香水及手表，这些，固然很好，可是你想
想，要是你送套房子给TA，那该有多浪漫，保证TA的脸上都乐开
了花。

送套房子，说起来容易，买起来还真难，现在房价高涨，累死
累活，没日没夜估计也才能买到个小卫生间。

可是买不起房子又怎样，难道买不起就不能享受房子带给我

们的幸福感了吗?

　　这个我要肯定地回答你们，绝对不是。有一个地方可以让你们完完全全地感受房子的幸福感，感受到美好的未来，而且可以不花一分钱就享受这种浪漫温馨，最重要的是，它还能刺激你俩好好地上进呢。

　　这个地方是哪儿呢，那就是售楼中心!

　　售楼中心是什么地方，是卖房子的地方，那卖房子的地方为了能把自己的房子卖出云，肯定是把售楼中心搞得特招人喜欢。

　　比如环保主题的房子，他们的售楼中心会有大量绿色动植物，植物吸收空气中的二氧化碳，排出氧气，降低空气中的灰尘和有毒物质，使空气清新，体现出环保。售楼中心内部会有养鱼池，池中的鱼儿自由穿梭，感觉充满生机和自然气息，让买房者感受到和谐愉快的自然居家氛围。

　　售楼中心就象一个项目的眼睛，是最能彰显项目气质特色的地方。房子好不好，看售楼中心便知一二。

　　它们通常会给人极为亲切的居家感受。如同进入温馨而且具有生活纵深感的空间，通过空间的饰物和无可挑剔的细节处理唤醒人们对生活的热爱。在这里，无论地板，还是墙壁与天花板，做工都细腻精致。

　　当我们走进它们，便会有一种自然而然的美妙心情沉醉于未来生活的畅想之中，一颗有点激越、有点童真、有点放纵的心正在跃跃欲试。连窗外的那棵有些年头的老树，都像是将要一起享受世界！

所以看过售楼中心的我们基本会马上有种想买房的冲动，可是先别急，这还只是第一步，虽然咱们不是真的买房，但也要幻想成两人是来买房子的，甜蜜得要让售楼小姐以为你是即将要结婚的新人。

售楼中心的第一感觉都会让人很好，接下来，我们应该应付售楼小姐和看沙盘了。

这时售楼小姐会满面春风朝你们迎过来，会询问你们需要什么样的房子，这个你可以谦虚一点说小点的，要不然看起来太像暴发户，也容易暴露。

接下来，售楼小姐就会引着你去看沙盘，然后让你选户型，你们要以真的想买房子的心态来选房子，那样才能达到看房甜蜜的效果，俗点说就是要让自己入戏。

通常不管你选的是哪类的户型，售楼小姐都会说你有眼光，A户型温暖舒适，B户型典雅古风，C户型透风采光好，她们的嘴巴可是很厉害的。如果你俩对自己的嘴上功夫也有些信心，还可以与她们斗智斗勇。

接下来你们要问问房子的基本情况，交通怎么样呀，采光怎么样呀，对面户的人会不会看到这边的房间呀，送不送精装修之类的，这些很重要，也能为你们以后购房实习一次。

然后记得要让售楼小姐指出你们所看中的房子在沙盘的哪个位置，基本这样下来，售楼小姐会迫不及待地拿出合同资料来了。

这个时候，女人要站出来说话，因为女人都比较计较一些，女方要说："你先把这些资料给我们拿回去看看吧，我们还得再考虑考虑。"

不必担心售楼小姐会给你白眼，她们可是专业素质的，顶多变下脸，然后又堆起笑容对你们说，有什么问题可以直接打电话和她联络。

这个时候，你们可以走了，走了之后，再去下一个房地产的售楼中心，期间你可以享受免费的空调，免费的茶水，免费的优美环境。

看过售楼中心之后，还要来点实际的，光看下沙盘多没意思，没有现实感，所以回来之后可以在一些房地产的网站报名参加看房团，等到看房时间，你俩又可以免费享受一次参观之旅，看房团的车费什么的都是完全免费，这种玩法真是太划得来了！

看完这些温馨的房子之后，你俩心底绝对会有震撼，有想要买房的冲动，这个售楼中心的功力是很牛的，让你来了就想买，还好我们手头没钱，有钱的通常就真的下手了。

不过这在另一方面绝对能刺激你俩努力赚钱，努力去建造一个属于你俩的小窝，这种感觉真是又浪漫又激励人心，所以你还等什么呢，赶紧去售楼中心认领你们自己的小窝吧，为它而努力！

1. 看房的时候尽量把自己打扮得干净整齐，不能让人一看就不像是买房的人，如果是年轻的朋友请尽量把自己和 TA 打扮得成熟一些，看房之前想好自己要问些什么问题，其实最好的办法，就是把自己完全融入买房的雀跃之中，让自己相信，你们马上就要结婚了，今天就是去买房的。

2. 参加看房团，要在网上那些房地产论坛先报名，看房的时间要以网站公布的时间为准，所以那一段时间，你们要尽量挪开别的事情，免得到时看房团确定了时间你们却因为有事不能去。

网上偷菜

只要有网络，即可随时随地玩

适合不能常见面的情侣，可增加互动的乐趣

不能太过认真而沉迷于此，需要有较好的自制力

这年头，你敢偷东西吗？有句话说得好，莫伸手，伸手必被抓。这偷，除了不知死活的贼儿，谁也不敢干这事，犯法的事儿，再怎么好玩也不能干。

可是并不就代表着我们不能干与偷这个动作有关的事情，咱们还有件事可以做，那就是偷心，把 TA 的心给偷过来，大大方方地偷，甜甜蜜蜜的。

把人家的心给偷过来了之后，咱们再带着 TA 去偷菜！

　　一提到偷菜，你们就应该清楚了，此菜非彼菜，既不是农民伯伯黑土地里的菜，也不是菜市场摊位上的菜，此菜，不能吃，却会长虫、长草，还要晒太阳，不能吃的菜事儿还挺多。这个菜只是一款休闲交友游戏里的一个道具。

　　"偷菜游戏"是一款风靡网络的休闲交友游戏，许多人为了这个游戏坚守，踩着点儿去偷好友的菜，体会了"偷"的快感，当然光偷是不够的，咱们还要种，先种了才有得偷嘛。偷来偷去，你偷我的，我也能偷你的。

　　用户在游戏里面扮演一个农场的农场主，在自己农场里种植各种各样的蔬菜、花草和水果。作物从种植到成熟有着不同的阶段，每个阶段可能会发生干旱、病虫害、长杂草等情况，需要我们花很多的精力细心地照顾，就如照顾自己的孩子一样。

　　待到成熟的时候，我们就可以把它收获入库了，不过要是在它们成熟的时候，你却没有及时收取，那么你就只能任其让朋友偷摘了。后期用户可以根据市场波动来选择合适时机卖出仓库中的果实来获得金币。金币除了购买种子，还可以购买化肥等道具和农场的装饰品，以及用于农场的土地扩建。

　　所以为了让农作物长得够快，农场的面积扩展得更大，农场变得不单调，我们就必须去偷，尤其是偷价格很贵的东西。因此我们只能守着点儿去偷，如果你懒的话，不好意思，等你去偷的时候东

西已经被别人偷光了，你就只能看着红彤彤的果实感叹自己的不及时。

偷菜游戏具有明显的游戏特点，讲究互动互助，好友越多越有趣。用户只需要每天上线给自己或者帮好友的作物浇浇水、杀杀虫、除除草、收收果实即可，如果有损友来你农场里使坏或者盗取你的果实，你的狗狗也可以抓住他。所以你们不但要养好农作物，偷好农作物，还得养条忠诚又实干的狗狗，买狗狗也要金币，所以说到底还是得多偷多种！

该游戏不仅可以调动你们上线的积极性，还可以促使你们发起对站内好友的互动，让好友与自己一起互动。目前，在 SNS 游戏交友网、开心 001 网、QQ 空间、百度空间以及校友网等都有该款软件。

想在哪里建农场就可以在哪建农场，你和 TA 还可以一个负责种，一个负责偷。两人分工合作，配合起来铁定赚得乐开花。

情侣若不是同居，不一定天天见面，那怎么办？让偷菜游戏来帮你们稳固感情！下了班，赶紧爬上去看看 TA 的农场有没有果子成熟，"偷" TA 的没商量，不过偷了也没啥用，TA 的就是你的，你的也是 TA 的，要帮 TA "偷" 别人的！

在 TA 出差，或者有别的事情忙得不能上网收果子的时候，记得上 TA 的号，帮 TA 及时收果子，然后帮 TA 偷好友家的果实，等 TA 忙完，上网一看，仓库里那些多的果实，肯定能让 TA 小感动一把。

我们基本都是生活在大都市水泥森林里的人，有些压抑地学习着，有些背着沉重的压力工作着，有些已经对生活失去激情，所以这样的小游戏便流行了，让大家能真实地体验到辛勤劳动后的快乐，锻炼我们的责任心，尤其是在对方有事不能及时收取的时候，你帮 TA 做了这些，更能体现出你对 TA 的关心。

小小的偷菜游戏，也能看出两人之间的感情。

这样的游戏，你们还有什么理由不玩呢。

1. 这款游戏由于需要及时收获和偷取，所以一定要量力而行，不要为了收获或偷摘而牺牲睡眠守候，那样黑眼圈和眼袋都会来的，可是得不偿失哦。

2. 所谓休闲游戏，只能用买休闲，切不可在上班的时候也在那里蹲点玩这个，听说有些人因为玩这个游戏而丢了饭碗。合理玩游戏，愉悦身心。

3. 在街头逛街的时候，或者其他公共场所，想起有菜还未偷，如若打电话让对方帮你偷时，千万别问"偷到手没有"这样的话，据说有人因为这样而被巡防员带到了派出所询问。

4. 这一条也是最重要的一条，情侣之间玩这种偷菜游戏，一人负责种一人负责偷，若对方因有些事情而忘记时，请一定要原谅，不可因为这事而闹脾气，这只是游戏，只是用来增进你们感情的游戏，不能适得其反。

单车旅行

环保低碳的浪漫旅行，游玩锻炼两不误

都市森林里的你和TA，是该注意锻炼身体

不适合懒惰之人，不适合半途而废之人

　　旅行，多好的两个字，一提到这两字就让人想起自由自在、无拘无束的时光。旅行，带着自己心爱的人儿一起，就似度蜜月一样。

　　可是当我们开始想要旅行的时候却发现火车票好难买、飞机票好贵，换个近点的旅行吧，又发现开车太堵……还有什么交通工具能让旅行舒心点呀？

　　走路去，陶子不是唱了首歌叫《走路去纽约》吗，可是你们真的打算相携徒步走天涯吗？嘿，你肯定没这耐力，也没这么能吃苦耐劳，何况，咱们又不是红军，搞什么万里长征呢，走路这一条，放弃吧！

　　那么还有什么交通工具呢，由于是两人一起，所以一定要有个浪漫又舒心的交通工具，想一想，找一找，看看家里有没有一辆被你遗弃在角落里的单车，找到的话，把它"唤醒"，它可是当下最流行的低碳又环保的交通工具！

　　要是家里没有单车，就把准备出门旅游的钱拿出一小部分为自己购置一辆。单车又便宜，又耐用！虽然在我们的传统印象中，好像骑着它就代表着自己脸上写着一个"穷"字似的，但是在这些年的环保和低碳的健康生活方式越来越受大众欢迎的时候，它崛起了，自行车成为了复古潮流最时尚、最健康、最快乐的代表。

　　当然如果你觉得单车、自行车这样的名字叫起来感觉很俗，你不妨叫它脚踏车，怎么样，这名字是不是感觉与时尚更近了一步。

想旅行的你们，还不把脚踏车扶起，在秋高气爽的季节，和 TA 或约上几个好友，一起迎着金色的骄阳，一路骑到山间野地，吃顿野餐、听听音乐、聊聊人生，做惬意又自由的乐活族！

你们可以选择双人乘一辆脚踏车，带上 MP4，女生坐在后座，放着音乐，一人一个耳机，两只脚有规律地踩着踏板，身边的景物在后退，穿越车水马龙的街道，在安静的偏僻的公路上前进，在熟悉与不熟悉的景象中，在陌生与不陌生的人群里，只剩下耳边的音乐和身边的人儿。女孩搂着骑手的腰，把耳朵贴在他的 T 恤之上，感受着他咚咚的心跳声，这个时刻是最美好的，这样的时光只属于你们。

如果选择双人乘一辆脚踏车的话，只能选择离居住地近些的地方，如果想去远一点的地方旅行，那么，就一人骑上一辆，可以在脚踏车上系上风筝，看着它迎飞飘扬，两人比比谁车技更厉害。

在这旅行之中，自行车可是你们唯一的交通工具，所以一定要保证它的性能和健康，如若它患了病，那可就麻烦了，所以在出发前，一定要对各部位的机件做全面彻底的检查！最好随身携带一些常用的修理工具如榔头、螺丝刀、气筒、扳手、钳子等，以及备用件滚珠、内胎、闸皮、车条、气门芯等。如果选择的是远距离的旅行，那么时间就有可能是几天几夜，所以每天结束之后还要认真检查车况，发现问题一定要及时解决。

骑车旅行是种体力活，所以我们要尽量合理安排运动量。自行车的车座尽量降低，最好是五至十度的后倾角度。行车速度要保持稳定，千万别忽快忽慢的，想停就停的，要不然还没到预定休息地就已经天黑了！期间每两至三小时休息一次为佳。

单车旅行最好选择夏天和初秋，风景美，衣服穿得少，方便。不过出行时，最好选择短装的骑行服，这样的衣服合身，不会增加额外的阻力。骑行裤内要有真皮垫，没有真皮的，也要有仿真皮的，它可以防磨、透气。没有骑行服，那也没关系，那就穿背心、裤衩之类的，这类服装的阻力小，通风性也好。最好在常磨的部位，涂一些凡士林之类的油。如遇天冷，可在胸内衬一两张报纸，保温效果极佳。

为了防风和小飞虫，还要戴上骑行眼镜。无色的，适用于阴天；有色的，可防阳光直射；还有浅黄色的，是为夜间骑行设计的。还要记得带上一些基本的必备之物，比如常用药、照明器材以及地形图。其他的根据自己的需要决定是否带，像雨具和卧具之类的。

好了，准备了这么多，两人就可以出发咯，选择一个周末，来个两天两夜的短途旅行也非常不错，不要走远了，就到近郊享受一下自然风光也很惬意！

① 在特殊道路条件下行车，车速的把握尤为重要。路遇浅河、水洼、碎石时，别习惯性减速，快车速反而容易顺利通过；行车在泥泞的路面，不妨拆下前后挡泥板，以免泥堵死挡泥板和车轮间的缝隙；下坡时，前后闸都要握住，以防意外发生。

② 夏天遇到柏油融化的路面，千万避开，如别无选择，先上土路让车轮沾些黄土，以防被粘住。

③ 途中宿营时，营地要选择干燥背风的地方，附近应有水源。有村子的话，尽量找村民借宿。

PARTY 派对

无拘无束，能感到的只有快乐
还可加速融入 TA 的朋友圈
对场地有要求，考验策划力和想象力

　　长假来了，周末来了，一直沉醉在二人世界里的情侣们，是否有考虑到冷落了身边的朋友，这个世界又不是只有爱情，爱情与友情是完全可以同存的。那么，这个周末或者长假，我们是不是应该来呼朋唤友玩一玩，把 TA 介绍给更多的朋友知道，也促进两方朋友圈子的认识，毕竟恋爱，涉及的不只是 TA 本人，也包括 TA 身边的朋友圈子。

　　年轻人一起玩的话，聚会是最好的选择，可是烦琐又无新意的聚餐、K 歌和泡吧也实在太老土了，抛却这些，我们还有一个玩得很 HIGH 的活动，那就是在家里办一场别开生面的 Party！

Party，看多了韩剧，看多了 TVB 的人，对这个词肯定不陌生。Party，其实说白了就是聚会，不过此聚会并不是我们日常的聚会如聚餐、K 歌与泡吧，太俗的聚会不能叫 Party。

Party 也就是派对，这种派对一定要玩得快乐，玩得 HIGH，还要玩得无拘无束，最重要的是需要一大群的人，在各种各样的新鲜的主题之中，玩得尽兴。派对的唯一目的，是为了寻找快乐。

派对里的快乐，可以很随性，很肆意，甚至可以是穷形极相的快乐。然而，除了快乐，get together，在一起往往可以让人收获更多。你们可以在派对之中认识到更多的朋友。还可以在派对中看到许多朋友的另外一面，指不定你会被你的 TA 的另外一面给震惊到哦。也许平时一本正经的 TA，在派对之上会戴着奇怪的圣诞帽，跟着 DJ 大扭屁股。

派对，如果条件允许但你们没有时间，可以请一个派对策划师为你们策划一场，如果你们有时间，那一定要自己来策划，两人一起来策划，那种成就感会让你们很愉悦。

策划派对，必须先选择一项朋友和自己都很喜爱的主题，可以是以物换物的"换物 Party"，可以是角色扮演玩乐会，抑或是"海魂衫、蛤蟆镜、喇叭裤"的怀旧服装表演，再或者干脆办个"假面舞会"！根据选出的这个主题，再去寻找各种帮助实现创意的元素，包括场地、音乐、服饰、酒水及游戏等。

只要你能想到的、朋友们支持的，都能成为聚会的亮点。请一定要发挥你们的想象力，越新鲜，大家就越觉得好玩。

选出主题之后，你们要布置策划的场地。在家开派对的话，可以在客厅挂一些艺术画作或老照片，这样能引起朋友们的共同话题。

办派对时，客厅是最佳的空间，所以沙发的布局很重要，因为它在客厅的中央，肯定会成为派对的焦点，所以它的摆放很关键。

有两种方法可以实现沙发的多功能开发，第一种是将组合沙发拆分开，这样一来，原来具有局限性的会客空间得到发散，就算客人席地而坐也显得很和谐；第二种是全家椅子总动员，比如卧室里的贵妃椅，书房的办公椅都是道具，将它们组合式地搭配在一起，无形中也增加了会客空间。

另外，沙发的背面、侧面都是会客的潜在空间，旁边的桌子和茶几上都可以摆上装点环境的花艺和款待亲朋的点心、水果。

如果聚会时人太多，那就要把这些桌子茶几全都靠墙摆放，这样可以更大地增加空间。还可以多增加些景观，景观是最容易让家里产生变化的设置，尤其是添加一些有流动性的东西，很适合活跃的气氛。比如植物、动物类的景观摆设，都能赋予空间生命感，哪怕聚会的人很多很拥挤，也能缓解视觉拥堵的效果。

在举行家庭 Party 时，光线也是很重要的。这个光线要与我们日常的光线相反，在派对时，我们应采取局部照明，形成明暗之别，创造派对的气氛。

因此在各个照明器具或不同组合的线路上要设置开关或调光器。如果没有这些，可以采用落地灯、台灯和摇头聚光灯等可动式灯具进行局部照明，变换气氛。要依照空间的属性不同，配置不同的灯，这样，平淡的空间便会因灯光的设置而获得与众不同的节日效果。

如果家里环境不允许，可以在场外举办派对，这样最自由自在，但是也要小心吵到邻居，小心开着派对，玩得疯狂的时候，警车"呜呜"地呼啸着而来。

如果家里有宽大的地下室就再好不过了，地下室可是最好的派对娱乐空间！既不用担心吵到邻居，又够大够自在，也能很好地装扮环境。可以用涂鸦来把地下室旧面貌彻底"革新"一番，甚至可以办一场涂鸦大派对。

试想一下，大家都身着具有共同时代特征的服装，PK 经典老歌，再做点"真心话大冒险"的互动游戏，无拘无束地聊天、狂欢与跳舞。你们可以在众多朋友之中拥抱，亲吻，跳一支让大家都羡慕的华尔兹，这是多么浪漫的事情，独乐乐不如众乐乐，与 TA 一起策划一场派对，邀上所有的朋友，尽情地玩乐吧。

1. 邀请朋友的时候，要把派对的主题给大家说清楚，比如是黑色主题的派对，就要求大家一定要穿黑色的衣服，如果是舞会，大家就会穿礼服，这样让大家能根据主题选择穿着，以免格格不入，造成尴尬。

2. 如果有朋友实在很闷，即使去了派对也只是坐角落里一言不发，那么尽量不要邀请他参加，派对是快乐的，必须玩得尽兴，越放得开，越玩得开心，如这样的朋友在，会扫了大家的兴，他自己其实也不快乐。

3. 一定不能吵到邻里，控制好派对制造出来的声音，在家举行的派对尽量不选择大吵大闹型。

穷游

开心的外出散心，费用不高
旅途中可增进彼此的感情
需要花心思收集这方面的信息

　　旅游，这样一个词，一直以来都是节假日及闲暇日热议的一个话题，到了这些日子，完全成了旅游黄金日。在放假的日子，不用过朝九晚五的日子，不去旅游一次，真觉得对不起日夜忙碌的自己！

　　说实话，没有谁不想去旅游，去享受一下小桥流水、山川古迹与自然风光，感受一下大都市的时尚、异域的风情，放松心情，消除工作的压力，真是再浪漫惬意不过的事情了。

　　可是旅游呀，从一个地方到另一个地方，那个花费真不是一般人能承担得了的，尤其是对未参加工作的学生们来说，省吃俭用一

年，一次旅游就花没了。

咋办呢，难道对于不富裕的人来说，旅游就只能是一个存在于新华字典里的词吗？NO，当然不是，绝对不是。

所谓富有富的玩法，穷也有穷的玩法，人家旅游大包小包，挥金如土，那咱们就精打细算，来个穷游！

恋爱中的情侣们，你们想想，在陌生的地方，在陌生的人群之中，在美景的衬托之下依偎，那是多么的有情调。

穷游，就是花销小、资金少的人的旅游。当然要做到用最少的资金来完成一次旅游，那么你们还得在景色上做选择，景色"穷"不是说景色很随便，而是指非大牌景点，最好是在天涯海角、穷乡僻壤，好玩美丽的地方，却不是人们常去的地方。

要想穷游就必须对想去的景点了解得很清楚，那样就不会因为对景点不熟悉而花冤枉钱。怎么才能了解到这些信息呢。

网络呀！许多的旅游网站，那些曾经出游过的人们，都会发表一些对自己出游的经验，多看，多学习，多掌握这些信息，对穷游有很大的帮助。往往很多并不著名的景色，都是这些热爱旅游的驴友们发现的，他们会教你用最少的钱怎么去完成一次旅游。

说了这么多，肯定会有情侣要误会，这穷游是没钱人寒酸的旅游，你们不穷，所以不能玩。绝对不是这样！

穷游的另一层意思是以一种不同于以往的行走方式去旅游，它并不是因为穷而去穷游，只是背上行囊，清清爽爽地上路，风餐露宿，简朴行走，享受心灵的自由，它和没钱有一定的关系，但不说明它跟有钱就没有关系！

只能说，穷游，很适合没钱的人来选择，同理，它也很适合有钱却想清爽自由游行的人们。

所以不管有钱没钱，穷游都是一项放松心情的最佳玩乐。它抛开了"钱"对旅游的束缚，可以让你们只要有时间，便可以走出去玩。

其实，穷游就是廉价自助旅游的意思，它不会像团游那样行程紧，团游根本不能尽兴。穷游也并非要去人多拥挤的名胜古迹，穷游的足迹可以踏入还未被开发的地方，穷游就是穷尽想游之地。

所以穷游需要我们去发现、去分享、去学习别人分享的、实用的信息，总结别的朋友出游的经验。

现在国内有一个穷游网，那里网罗了所有的穷游实用贴。

打算穷游的你们，要在平时多去这些网站看一看，看到合适的地方就确定目的地，然后多找找这个目的地的一些信息，比如到那儿有些什么吃的，有些什么玩的，怎么住宿，交通用什么方式。

吃的东西中水肯定是必不可少的，此外还要带一些即食的东西，以防路上肚子饿，比如巧克力、火腿和方便面之类的。然后要了解去的地方有没有可能要在外面露营，或者中途找不到吃饭的饭馆，所以有可能还得准备好炉子和大米等。如果中途可以有馆子吃饭，要弄清楚这些馆子中哪些比较干净，这些网友们都会有推荐的。

除了吃之外，就是住了，穷游肯定不能住什么星级酒店，否则那就不是穷游了，最好选择农家，或者当地人开的小旅馆，还有，现在网友遍地都是，可以联系一些当地的网友，住在他们的家，也可以请他们做导游，这样可以省一大笔费用。而且住当地的人家，可以很好地体验景点的风土人情，像丽江就一定要住纳西民居，平遥古城一定要住晋商大宅院，北京城的当然要住四合院，凤凰城自然要住吊脚楼，价格相当便宜。去之前要了解当地的习俗，特别是一些少数民族的习俗，在民宅里居住要特别注意。

确定并了解了此行之处后，就要考虑行走的路线了，了解一下各式交通，哪种比较方便和便宜。还有网上经常有很多廉价的打折机票，可以选择在机票最便宜的时候出行。若是乘车出行，可以邀上一些要好的朋友一起去，虽然不够两人浪漫、自由，但是可以分担更多的游玩费用。

一切准备好了之后，就可以在下一个节假日来临之前，带上TA，畅游一番了。

穷游的成就感可是与金钱堆出来的跟团游不能比拟的！

①　穷游有时候会采用徒步行走，所以应该在出发之前学习一些露营的知识。

②　一般住的是民宅或者旅馆，保安监控都基本没有，一定要妥善保管好自己的财物，每次退房前，请检查您所携带的行李物品，特别注意您的证件和贵重财物。

③　虽然是穷游，但是也一定要带足现金，以备不时之需。

蹦极

可相拥互相鼓励，增加彼此间的依赖性
共同经历生死后，会更加珍惜彼此
胆小男生慎用，容易毁灭高大的形象

　　据说，很久很久以前在西太平洋群岛上的一个部落，一位土著妇女经常受到丈夫的虐待。有一天，丈夫因为一些小事迁怒到了妇女的身上，妇女再也无法忍受丈夫的这种行为，她爬到了最高的可可树上，用当地具有很高弹性的蔓藤牢牢地绑住了自己的脚踝。当丈夫追到树下时，她威胁丈夫如果以后再如此对她就要从树上跳下来，可丈夫没有答应妻子的要求，随后也爬上了树。妻子看丈夫追上了树，万般无奈跳下了这棵可可树，没想到的是丈夫也跟着跳了下去，结果自然是柔嫩的蔓藤救了女人的命，丈夫却命丧黄泉。此后，为了表彰这位妇女的英勇，将蔓藤绑住脚踝从高处跳下成了当地一种独特的风俗习惯。他们依山建起一座座由树桩和蔓藤捆扎而成的二三十米的高塔，年轻的男子从上面俯冲而下，象征他们步入成熟，向他们信奉的图腾，祈愿部落的平安和丰收。

看完这个故事，有人会说这位妇女的丈夫其实是很爱她的，虽然对妻子很凶，但却会因为妻子说要从树上跳下而追随。如果当时她的丈夫也用蔓藤绑住了自己的脚踝，那他跳下后就不会命丧黄泉，也可能因为这次惊险的一跳，丈夫和妻子知道了彼此的珍贵，而变得恩爱。这不是凭空而说，因为到了现在，这种高空弹跳成为了很多爱好者的婚礼仪式，从高台纵身一跳的一刹那，紧紧相拥，爱情的热诚与忠贞展现无遗。满是柔情的眼中只剩下对方。耳边忽忽的风声，像是在祝福这一对对新人完成了人生中最重要的那一刻。

蹦极就是由此风俗习惯演变而来。站在约 40 米以上（相当于10 层楼）高度的桥梁、塔顶、高楼、吊车甚至热气球上，把一端固定的一根长长的橡皮条绑在踝关节处，然后两臂伸开，双腿并拢，头朝下跳下去。绑在踝部的橡皮条很长，足以使跳跃者在空中享受几秒钟的"自由落体"。当人体落到离地面一定距离时，橡皮绳被拉开、绷紧，阻止人体继续下落，当到达最低点时橡皮再次弹起，人被拉起，随后，又落下，这样反复多次直到橡皮绳的弹性消失为止。

蹦极被称为不可思议的跳跃，当你从高处跳下，会奇怪地感觉到自己似乎停止了思维，虽然很害怕，但又极度兴奋，原来空气是如此的清新。在半空中听到 TA 兴奋的欢呼，是多么值得骄傲的事。

　　为了参与这项疯狂的极限运动，应该做些什么呢？准备一套合身的运动型服装或休闲服。天气方面呢，阳光灿烂的天气去蹦极会让人心情放松，但蹦极的绳子因受阳光暴晒的影响，强烈的紫外线会使绳子的寿命缩短，所以最好选择在早晨，即绳子完全处于阳光暴晒和高温之前去。如果当天风力很大，会严重影响你弹跳的方向，带来不安全隐患。或许当时在下雨，绳子可能受潮，也会造成安全隐患，不建议大家在坏天气出门蹦极。

　　接着要寻找一家合法经营的蹦极公司，里面的蹦极教练要有资格、有常识并且要很有经验。准备工作已经完成，现在开始我们的蹦极之旅吧。跳台在很高的地方，站在上面往下看，车好小，人更小。这时候，别紧张，先来几次深呼吸，或者相互拥抱鼓励一下。

男生们一定要先跳哦，因为你先跳完才能在地面伸开你的双臂迎接女生。穿上装备要仔细检查，因为你的安全都取决于你是否被绳子系好了。万事俱备后，看着 TA 充满期待的眼神，准备开跳！但是，又该怎么跳呢？

绑腰后跃式

绳子绑在腰间站在跳台上采用后跃的方法向下跳，这是第一次蹦极的人所要做的规定跳法。当背对地面跳下时，你没办法判断什么时候才能落到地面，感觉跟进入了无底洞一样，心脏扑通扑通跳个不停，就像要跳出来了，这时将闷在心中的不满与害怕全都大声释放出来，一个字，爽！大概在 5 秒钟后绳子会突然向上弹，这样反弹大概四五次，当起伏没有那么厉害的时候定神一看，已经安全地悬挂在半空中了，眺望远方，这心情，很棒，很刺激。

绑腰前扑式

绳子同样会绑在你的腰间，这次是直接向前扑，也是初学者尝试的另一种方法。当你面朝下坠落时，看着地面扑面而来，真正地感受到了视觉上的恐惧和无助。当弹跳绳停止反弹时终于享受到了重生的欣喜。

绑脚高空跳水式

这个跳法跟平时跳水是一样的，绳子绑在脚踝上，面朝前向下，感觉像不像奥运跳水冠军呢。展开你的双臂，向下俯冲，仿若雄鹰展翅，气概非凡。

绑背弹跳

被蹦极教练称为最接近死亡的感觉，将装备绑在背上，面朝前方，双手抱胸双脚往下悬空一踩，顿时大地悬转，地面的一切由小变大，整个过程仿若和死神在打交道，真是够刺激、过瘾到极点。胆子要大，不然跳下后哭得稀里哗啦，可丢脸了。

双人跳

这是为恋人们向彼此宣誓爱的证言的最高境界，将装备绑在双方的脚踝处，面对彼此相拥，一跃而下，在空中反弹时，弹跳绳将你们紧紧扣在一起，此时正是你们许下诺言的最佳时刻，时间在这一刻静止了。

选个好天气，带上亲爱的 TA 一起上演这甜蜜又惊险的浪漫之旅吧。

① 饮酒后千万不要参加蹦极活动。酒精不仅会损害判断力，还会使你急于冒险，并且不太在意安全措施。

② 还有一种叫沙包蹦极，跳跃中要手持重物，当接近地面时扔掉重物。由于落下时要比普通蹦极沉得多，弹力绳聚集的力量能使你向上弹出时高过起始的平台高度。很有可能撞上平台，不太建议初学者挑战。

③ 确保绳子垂出去的方式能够让你安全弹跳，如果绳子被钩住或缠在一起的话，你就有可能受伤。

滑翔伞

体验飞翔的刺激，领略另一种生活

很不错的另类体验

价格偏高，需要经过专业技术培训

人的一生中总会有这样或那样的梦想。还记得小的时候，老师经常会询问还是什么都不懂的小朋友长大后想做什么，有时回答长大后要做老师，有时回答要做警察或是科学家。这些都是随着年龄日益变化的。而从小到大许多人真正的梦想可能就是像小鸟般自由地翱翔于天际了吧！

还记得儿时的小飞侠吗？还记得小飞侠告诉大家"有一颗纯真的心才能自由地飞翔"的话吗？从那时起，许多孩子开始变得很乖，很听话，很有爱心，就希望小飞侠能来找自己，自己就能飞了。可这样的梦想一直到现在也没有达成。

虽然现在坐飞机遨游于蓝天白云之上对于普通人来说已经不再是什么遥不可及的梦想了，可你有没有想过让自己真的飞翔于蓝天碧海之上，真正体验一下飞翔带给我们的另类体验呢？

试想一下你飞在高高的天空中向心爱的 TA 示爱，让身下壮阔无比的美好风景，让身旁的蓝天白云和偶尔从身边飞过的歌声优雅的小鸟见证自己的爱意。又有谁会拒绝这种遨游于天地之间的爱情呢！

如果你的心中也有一个飞翔梦或是想体验下这样另类的求爱方式，那么恭喜你！今天就给你介绍一种别样而有趣的飞翔方式——"滑翔伞"。

今天，在世界各地．滑翔伞运动已拥有数十万的爱好者。从它的英文词意 Para-Glider 上不难发现，飞行伞是降落伞与滑翔翼的结合，也就是用高空方块伞改良成性能上接近滑翔翼的综合体，具体一点来说，就是有着降落伞外形的滑翔翼。

这项结合了冒险、挑战与休闲的空中运动是怎么诞生的呢？这还要从法国人说起。据说滑翔伞最初是起源于阿尔卑斯山区登山者的突发奇想。1978 年，一个住在阿尔卑斯山麓沙木尼的法国登山家贝登用一顶高空方块伞从山腰起飞，成功地飞到山下，一项新奇的运动便形成了。1984 年．来自沙木尼的升龙（Roger Fillon）从自朗峰上飞出，滑翔伞才在一夕之间声名大噪，迅速在世界各地风行起来。驾驶它你不仅可以挑战自然，实现自我，同时还能锻炼你的意志和奋发向上的品质，令你回味无穷自由。

在 3D 版的《里约大冒险》里看到一只只漂亮的小鸟飞翔在各种滑翔伞的周围，人们在碧海蓝天上空自由地飞翔是多么吸引人的一件事！就在这样独立却又开放的时刻对心仪的 TA 诉说着心里的些许心意，梦想着以后的美好，激动浪漫却又不失稳重。在心仪的 TA 面前是不是又是一次加分呢？

滑翔伞在山坡上即能起飞，可完成盘旋、滑翔、爬升、越野及滞空等飞行动作，拥有良好的稳定性和操纵性，并具有体积小、便于携带搬运的特点，它的全部装备只有 20~30 千克，装进一个伞包里背在肩上就能"云游四方"了。但是对于还没有挑战过这项运动的人来说肯定要先学习学习了。

是不是有点心动了呢？那就赶快约上 TA 或周遭好友一起去体验飞翔的感觉吧！

不过在这之前我们一定要对滑翔伞的玩法有所了解才可以哦。

对于还是新手的你来说，最好还是找一个专业的滑翔伞基地来进行首次飞行。在教练的指引下找好位置，轻身跃下即可翱翔在天空中咯。

在刚开始学习的时候，最好避免在山坡上尝试，最好是在没有障碍物，宽广的平地上练习。在空中飞翔的时候，如果风速太大，对初学者来说是没有效果的。这种场合适合用于拽引的方式让初学

者感觉风速、风压及伞的操纵等。如果你的伞衣无法很正确地鼓弄，而令其在头顶正上方站立时，应该立刻停止，使伞衣完全落在地上，再重新来过。

切记伞型不要由着自己的喜好任意改造，制造商对其所贩卖的伞型有所改造的话，都是由自己的试飞员来做试验的。

滑翔伞前组主提带左右各有一条控制绳，你利用它可控制方向（定向）转弯，操作上非常容易，但动作必须柔和。在飞行中要左转时，只要将左边的控制绳轻轻往下方拉，转至需要的方向再轻轻放回；要向右边转时，就将右边的控制绳轻轻拉下，直到转至你需要的方向时再轻轻放回。切记在进行左右转时，动作必须柔和，徐徐放回，不可猛拉猛放。

降落的时候一般在距离地面 10~15 米的高度着陆，记得在进行着陆时必须面对风向，控制绳拉至肩部，距离地面约 1 米时，徐徐将两边控制绳拉至腰部以下，这样就可以轻松着陆了。

滑翔伞在飞行过程中，你要将控制绳拉至耳朵下方位置，让伞的尾缘下垂约2~4寸，千万不要拉得太多。当要降低飞行速度时，将控制绳往下拉至胸部位置，尾缘下垂更多以增加阻力，减低飞行速度。

多么完美的一次另类体验，回去后和好友闲谈的资本又多了一笔，在心仪的 TA 面前又神气了一次，最重要的是体验了飞行中那无与伦比的精神享受。

滑翔的过程是一个刺激与享受融合的过程。伞在天空中滑翔，你的全身心就在白云间翱翔，只是构想一下，就已有一份冲动，真爽！

① 一定要经过正规的训练，使用合适的器材，在教练的指导下飞行。

② 安全飞行最重要的是：飞行员的态度，安全的器材和适宜飞行的天气。

③ 初到一个场地飞行时，要向当地的飞行员请教，听听他们的意见。另外，当地气象有关资料的获得也是很重要的。

④ 在越野飞行前，应该尽可能在出发时和场地负责人或所属队长联络。

暴走

回归到最原始的状态
挑战心理素质和身体素质
在漫长的路途中可加深彼此的感情
体弱多病者要适当控制自己的运动量

有对 80 后的小两口到港澳拍摄了一组另类婚纱照，他们从迪士尼走到兰芳园再到澳门，就如他们的爱情和人生经历一样，婚纱也一直在"奔跑"。

结婚是人的一生中最重要的事情之一，而拍摄婚纱照也成了步入结婚礼堂的幸福人们最关心的事情。用照片的形式将彼此最美丽的时刻记录下来，当作永久的爱的纪念，最主要的是在迟暮之年手牵手一起回味年轻时那些甜蜜的瞬间。

照片中的他们在迪士尼戴着米老鼠的帽子，穿着礼服走在川流不息的香港山地小巷。坐在只有十个平方米的小店吃猪扒包，在海边踩着浪花，在松林里走"红地毯"。镜头从这拍到那，没有无聊的背景布，没有漆黑的摄影棚，放弃了华丽的造型，只有彼此温暖的身影。这根本就像穿越旅行一样，婚纱照也一直在"奔跑"中拍摄，用男生自己的话来形容就是"暴走的三天婚纱照拍摄"。虽然有些疲惫，但一切都是值得的，因为我们把最宝贵的青春记录下来，作为送给未来自己的一份礼物。

这是件多么浪漫的事情啊，但男生提到的"暴走的婚纱照"，为什么要在"婚纱照"前面加上"暴走"呢？

动漫爱好者应该看过一部在 1988 年出品的动画片《机动警察》，里面已经有了"暴走"这两个字，暴走在里面的用意是失去控制的机器人。80 后小两口的"暴走婚纱照"就是在失去原有的婚纱照模式的控制后拍摄的。

暴走，源于美国，风靡欧美，又流行于韩国、日本和中国香港等地，是一种新时尚，新运动。暴走一词的意思是形容机体或者生物的失控（多半指的是精神）从而导致的近乎于野兽一样狂暴的行为，也有一层意思是说这人的瞬间爆发力很强，造成的破坏也比较骇人，但是却有越来越多的人开始热衷于这项既高难度又简单易行的极限运动，它挑战着人们的心理素质和身体素质。暴走不像登山野外探险等极限运动那样需要投入很多的经济代价去购买设施，它的最低限度只需要一双好鞋和一瓶水，外加几块面包就可以了。

　　暴走，带有远足旅行的意思，但与普通的旅行不同，它有着明确的旅游、探险方向，有丰富的旅游探险知识，并且是用自己的双腿或自行车、摩托车、越野车等交通工具亲身实现旅游探险。暴走现象的出现，应该是自然人性的一种回归和外显，对水泥钢筋都市的反叛，对大自然的向往和不懈追求。真正的暴走族，是坚持人与自然和谐发展的绝对拥趸者和实践者，非常值得尊敬！

　　常常会因为工作繁忙，而忽略了运动，虽然已经拥有了跑步机，但是，在屋内运动的感受能和户外运动相比吗？答案是否定的。为了感受大自然带来的神奇魔力，带上 TA 来一次大暴走吧。

　　雨天，在柔柔的细雨中，穿上防水的休闲衣裤，选择一条安静的小道，享受雨中疾走的闲情逸致。一场毛毛细雨，不仅让树木更青、草更绿、路更洁，而且能消除大量的尘埃，让空气更干净、更清新。下雨前的阳光照射和细雨滴洒时产生的大量负离子，有着"空气维生素"之誉，它能松弛你的神经，加强新陈代谢。雨中暴走还是一种很好的健脑活动，有利于大脑由紧张趋于平静，也就是我们常说的心理和精神的调节。觉得还不浪漫吗？来唱首美国经典电影《雨中曲》的主题曲吧，"我在雨中歌唱，刚刚在雨中歌唱……太阳在我心中，我已经准备好了对爱情的追求……我很高兴了，我又跳又唱，在雨中，我跳舞和唱歌在雨中。"现在有没有发现 TA 的眼里开始冒星星了呀？

　　天晴了，太阳登场，在这个追求美白、防晒的时代，阳光下暴走会显得有些叛逆了，其实阳光孕育了生命，对身体健康尤其重要。如果选择在阳光四射的日子暴走，可以在早上 6~10 时，下午 4~5 时进行暴走。尽量避免上午 10 时~下午 4 时这个时段，因为这时的紫外线很强，容易对女生的肌肤造成伤害，在暴走前男生要提醒女生擦好防晒霜，女生会不会觉得有点小温馨呢？不推荐在强烈的阳光下运动太长的间，缺水是很严重的问题，所以饮用水必须准备充足。

这些都是在市内的初级及中级暴走，只需使用半天左右的时间直到饥肠辘辘、脚板疼痛难忍再打道回府。

勇敢地去挑战高级暴走吧！7 天长假，很长的时间，可以自由选择人迹罕至的旅游地，最好参加专业俱乐部组织的暴走，这样会很安全。俱乐部会派专人组织探路，制订详细的活动计划，并做好物质准备，并由经验丰富的领队员带队。自己则需要穿上柔软舒服的衣服，选择一双合脚的运动鞋、防水防寒服、帐篷、炉具、睡袋、背包等户外用品。如果没经验，可以找一家正规的野外用品商店进行咨询。准备一些常用药品，防止蚊虫叮咬、中暑、冻伤、高原反应、外伤等突发性情况。救生笛是极限户外运动必备的工具，当出现危险或危急情况时，使用救生笛三短三长三短，吹出求救信号。吹的时候一定要有规律，并要坚持反复重复这种规律，对面的人就算听不懂也会引起注意。食物和饮用水是不可缺少的，要充足，能长时间保存，如矿泉水、压缩饼干和牛肉干等。准备好就可以出发了。在行走过程中男生要注意女生的身体情况，一般平均每小时休息十分钟，山路每三十分钟休息十分钟，如果发生轻微不适一定要立即停下来休息直到恢复才可以继续前进。男生要主动承担多数物品，如果女生体力良好，也可以分担一部分。

　　大暴走像旅游又像探险，像赶火车一样，边走边聊结识形形色色的朋友，你的右边变换着不同美丽的风景，而左边是你永远不变的 TA。

① 暴走前夜要有良好充足的睡眠，避免饮酒。
② 路途中关键时候该撤就撤，别犯个人英雄主义的错误。

速降

能玩神雕侠侣，双双从天而降，落入凡尘

也可速降给TA来个惊喜、浪漫

需专业场地，胆小者请绕道

你有没有想过有一天，可以极速地从高空滑落，那种似生欲死的感觉，就好像坠入地狱。你有没想过，当你待在半空之间，看到自己喜爱的人就在底下，你猛地一下落在TA跟前，然后与TA拥抱，那种感觉是多么的痛快。

你还可以邀上TA一起，两人从高空垂直坠落而下，独领风骚，宛如神雕侠侣，享受一番高空坠落的刺激。现在就有一项非常好的运动，可以让你感受到这些刺激和浪漫，这便是新潮的恋爱玩法，速降！

　　速降其实很简单，首先需要一根能承受至少 1500 千克的主绳，这点可以确保你不管多么胖多么有分量，也都万无一失，不用担心绳子会断；然后配备一个相应的速降器；再就是高度，你想要多高，你想玩多疯，就选多高，当然，最好的距离是十多米，这样不至于太过刺激而让你的 TA 太过担心，否则你在上面滑，TA 在下面看得心惊胆战那可就不好了。

　　这玩意不需要什么专业的技巧，也不需什么兴师动众，不过玩的人必须具备一颗勇往直前、坚持到底的心。玩它，要克服的东西很多，这可是个胆量活，比如高度呀，对于有恐高症的人来说有些难，还有极为高速的速度，这些都要克服，不过在爱情面前，朋友们请勇敢一点。可千万别锁上去就开始颤抖，在对方面前没了形象，当然这是针对男孩，女孩吗，无所谓，我见犹怜说不定 TA 更爱你。男女就是有差别的，男生们，要玩这运动还得有些勇气才行。

　　那么速降，两个人要怎么玩呢？准备两套装备，两人一起玩速降，这大有神雕侠侣的感觉。在半空的时候你俩还可以眼神交流一下，在半空说情话，是多么浪漫的一件事情呀。就算有些害怕又有什么关系呢，最爱的人就在身边，大胆地体会一下深入地狱的感觉，落到地上，便有了重生的感觉，会有更需要珍惜对方的感觉哦。

　　要是女生实在不敢玩也没关系，让她们在下面等着，男生飞速降到面前时，女生可要大大地给个拥抱鼓励。其实不敢玩的女生更多的是为男友担心，这和担心也是增进感情的一大方法。

　　说了这么多，那让我们来了解下速降到底是怎么一回事，应该怎么玩。

　　速降其实就是从高处利用速降器，很迅速地滑下，享受极速带来的快感，最早是用于高山探险，在意外之时快速撤退。在抢险和军事突袭行动中也经常使用，后来慢慢地也就演化成与攀岩、蹦极等类似的极限户外运动项目。

　　现在的速降已分化成好些种类别。

　　第一种，岩降，从悬崖边上降落而下。

　　第二种，瀑降，这个比较好玩，从瀑布的顶端扔下一根百米长的攀山绳索，穿上专用防寒服，从瀑布的顶端直飞而下，顺瀑而降，犹如蜻蜓点水般，在光滑的峭壁上寻找下脚点，幸运的话，也许还可以找到几个被瀑布遮拦的水帘洞，里面或许别有洞天，或许绝世的宝藏就在这里。

　　除了以上这些，还有溪降、塔降、桥降、楼降，总之是选个制高点，一跃而下。

　　因为是高空玩法，所以速降还是有一定的危险存在，需要选择正规的场地，配备专业教练作指导，这样可以确保安全。

　　速降运动的基本装备包括安全头盔、安全带、主锁、"8"字环、手套等。

　　安全头盔是必不可少的安全防护装备，因为下降途中哪怕是只

麻雀撞到你，砸在头上就可能造成极大的生命危险。

　　速降时使用的是坐式安全带，由腰带和绑在两侧大腿根的腿带构成。穿戴时要注意调整好松紧，不然在长时间的下降过程中会很不舒服。另外，系安全带时切记打反扣，即带子系好后沿反方向穿回，以防途中带子松开脱落。

　　主锁：被形象地称为"大D"，材料非常坚固。主要起连接作用，如连接扁带、静力绳，通常连接"8"字环，缓冲人的下坠力。在扣紧主锁时要注意，涡螺纹拧到头之后要向反方向松半圈，这样做是为了方便打开主锁，以防受力后锁死。

　　"8"字环下降器：最普遍使用的下降器，通过绳子在"8"字环中穿梭形成的8个点来增大摩擦，控制下降速度。在收放"8"字环时，一定要轻拿轻放，如果环体出现裂纹，哪怕再细小也应立即停止使用。

　　手套：由于速降的距离长、速度快，"8"字环很容易摩擦发热，所以一副手套是必不可少的。下降时切记双手握绳时要远离"8"字环，以防手套卷进"8"字环发生危险。

1　像溪降和瀑降，由于下雨及发洪水之类的天气可能会带来地质变化，因此在天气不好的时候不宜进行，如果实在想玩，建议选择桥降或楼降。

2　不管是什么样的速降，都需要有专业的教练，除非你自己就是专业的。

3　有心脏病、高血压之类的不能从事高空作业的人一律不要玩，不管是男孩还是女孩，如果害怕，千万不要勉强，玩这个并不能说明你就一定是个勇敢的人，勇敢有很多面，恐高没什么不好意思的。

4D电影

惊险、刺激，全都具备
感官和视觉可以得到绝对的冲击
4D 电影院不是随处可见

如果你是一个电影喜好者，那么对于 2009 年卡梅隆导演的《阿凡达》一定不陌生，那栩栩如生的动画场面，那活灵活现的人物跳跃，仿佛自己也身临其境。套用一句比较洋气的话：你不是一个人在看电影！你是在感受电影！几乎每个观众走出影院后都叹为观止，从心灵上到视觉上，绝对的一场豪华盛宴。

3D 电影大家都不陌生，也感受到了那种立体真实的感觉，但是，我们要追求更逼真，因为精益求精、无限突破是我们一直追寻的目标，于是，伟大的 4D 电影诞生了。

什么是 4D 电影呢？很多人会想，4D 不言而喻就是比 3D 多一个 D 嘛！还真是，所谓 4D 电影，也叫四维电影，即三维的立体电影跟周围环境模拟组成四维空间。也就是说，在 3D 的基础上，电影场景变得更加生动和形象，还真是加了一 D，但千万别小看了这个一 D 的差别，这一 D 加上去可是大大的不一样。

4D 电影，除了立体的视觉画面外，顺着影视内容的变化，可实时感受到风暴、雷电、下雨、撞击、喷雾、烟雾、雪花、气味等自然现象，4D 的座椅具有喷水、喷气、振动、摇动、俯冲、仰起、扫腿等功能，以气动为动力。环境模拟仿真是指影院内安装有下雪、下雨、闪电、烟雾等特效设备。这些现场特技效果和立体画面与剧情紧密结合，营造一种与影片内容相一致的环境，在视觉和身体体验上给观众带来全新的娱乐效果，犹如身临其境，惊险、紧张、刺激。

100 多年来，银幕内的虚拟世界和银幕外真实世界的界限终于被打破，这就是 4D 电影带来的效果。"看电影"原本是以一个旁观者的角度去看，去听，而在 4D 影厅，是以第一人称的"我自己"到电影院用全身感受电影。

闭上眼感受一下，电影里的风会将你的长发吹起，电影里汹涌的波涛会弄湿你的衣裳，电影的花香阵阵会将你醉倒……

也就是说，通过 4D 电影会让你直接体验电影大片盛宴，进入无限电影世界。尽情发挥自己的想象吧！电影里面那种神奇的现象和

场景，就直接发生在你周围，那种紧张刺激就直接冒到你嗓子眼边上，那种打斗的厮杀画面，你也身临其境。惊险刺激度，只能用六个字形容，那就是：非一般的感觉！

4D 电影里面比较典型的作品是《森林探险》这部片子，从名字就可以感受到这是一场探险的盛宴。电影用高科技的手段直接让观众成为电影的主人公，仿佛是自己驾着车在原始森林里探险。观众自己冲破了吃人蜘蛛的巨网，躲开了凶残树怪的袭击，避开了死神当头的镰刀，穿过了层层叠叠的火墙……探险路上，暴雨打湿了衣服，雪花飘满了全身，大风在耳边呼啸，毒蛇擦腿而过……这一切，都像真的一样。

在看这部片子的时候，会不会有那种穿越生死，经历重重危险，你们这对有情人终于还是在一起的劫后余生的感觉。刺激，惊险！

说到 4D 电影，不得不提《灾难警示录》，这部电影记录了地震和海啸给人们造成的灭顶之灾。当地震发生的时候，观众的椅子和强烈的地震同震，令人欲碎；当海啸来临时，巨浪会把观众淹没，令人绝望……

看完电影，就会从梦幻中醒来，意犹未尽。这真是一次生死经历，情侣们观看之后，就会感受到那种绝处逢生的惊喜，大叹生命来之不易，灾难无处不在，我们要更加珍惜自己相爱的每一天！

《阿尔卑斯山探险》这部片子呢，是多元化的文化组成，该影片由瑞士和美国合拍。首先第一感觉，你会觉得不像 3D 影片那么有立体感，只是有视觉更加开阔和更加高深的感觉。影片大部镜头是在直升机上拍的，也就是说，这飞机好像是你在驾驶一样，并且座位也感觉在倾斜——实际上是没动的。是不是很神奇？

令你心跳的是飞机急速在穿越极其窄小危险的峡谷，穿越原始森林，一会儿俯冲，一会儿左右拐弯，让你心脏怦怦直跳，好紧张。这就是 4D 的最高追求，要的就是这种场面大，够豪华！这个时候，情侣哥哥，你是不是该趁此机会握住妹妹的手，给她一下心灵上的慰藉！间接地让她感受到，有你在，什么都不怕！

这种刺激到爆炸的心跳，导演尤嫌不够，一而再再而三地满足你的感官需求和多次变换景色。更令人想不到的是，随着一个皮划艇跌入几十米深的瀑布下面，你也就跟着掉下去了！哎呦！真叫人心惊胆战呢！

机不可失，时不再来，哥哥妹妹们还等什么呢？这么惊心动魄的体验，还不带上你心爱的 TA 去体验一次？让那些尖叫和心跳，成为你们爱情里面的一部分吧！

4D 电影票价不高，又好看、够刺激！售票处有温馨提示"心脏病和高血压禁止入场，后果自负"。当然，刺激是刺激，建议还是要注意身体状况，可不能为了一场电影搭上健康！

① 抓好对方的手，不然一个打斗镜头，把亲爱的 TA 给打飞了。

② 女生要带好金嗓子喉宝，因为太过刺激，把嗓子喊哑是极有可能的事情。

情侣自行车

既环保又浪漫的运动过程

可以愉悦身心，可以增进彼此的感情

体力运动，量力而行

你有试过和爱人同乘一辆座驾到外面兜兜风吗？

哎，先别急着掏出裤兜里的宝马钥匙，今天我要为各位情侣介绍的可不是什么高级房车，而是最原始却又最有情趣的"双人自行车"。

试想想，在一个晴朗的秋日，和心爱的人骑着情侣自行车游山玩水、享受着属于两人独处的美妙时光，感受着两人脚下的默契节

奏，这该有多浪漫啊！不信？下面就让我们一起感受一下吧！

如果你看过韩版《恶作剧之吻》，里面吴哈尼跟白胜祖去骑情侣自行车，这个场景你一定会印象深刻。里面的两个主角，同骑一辆自行车，小小的甜蜜，羡煞旁人。

前段时间炒得很厉害的一个事情，就是"宁愿坐在宝马车上哭，也不愿坐在单车上笑"，那个所谓喜欢收男人送宝马的女人——马诺，也因此名声大噪。也就是因为这么一个女人，她的一句"豪言壮语"，让现在男孩子都对女生的金钱观和价值观产生了质疑。那么情侣妹妹们，我们就要告诉自己爱的那个男人，天下的女子不全是爱钱和拜金的，至少我就不是，今天咱就骑自行车去。

喊上自己喜欢的那个人，选择一个阴凉有风的天气，选择好路线，就开始行动吧！

情侣自行车，俗称两人骑自行车。这种在国外早就流行的另类车在中国却是个新玩意。看着新奇轻便的车型以及车上两人默契的配合，旁观者常常羡慕不已。情侣自行车骑着究竟感觉怎样？

两个人一起骑自行车是一种愉悦身心的运动，是促进身心健康的理想方式。与单人自行车不同的是，这种双人自行车能让沉浸在爱河中的情侣们同车兜风，一起锻炼，分享彼此的快乐，增进了双方的感情交流，感受到浪漫的时刻。

超长、超高，且后轮胎超厚，这是情侣自行车的特点。再凑近仔细看：哦，还有一前一后两个车把，两对脚踏板和两个座位——像极了马戏团里的杂技车。

这种车比一般自行车长一半，似乎轻盈有余而灵活不足，男生在前女生在后，"步调"一致地骑着这种车穿梭而过，倒真的有几分温馨浪漫的气息。虽然是两人自行车，但也不一定非要两人一起骑才能开动，所以女生在累了的时候就可以把脚停下来，好好歇息，让男生自个儿奋斗去，要不然大老爷们儿吃的饭都要比女生多一碗，力气用来干吗的，你们说是不是？

　　前面的人先抓好车把，然后就像平时骑自行车一样用力蹬脚踏板，后面人的暂时不要动，等车骑平稳了再踩……需要彼此在 30 秒之内就找到配合的感觉，等骑好之后，情侣车骑起来非常灵活，除了转弯幅度有些大之外，会骑得很平稳。

　　当然，后面的车把是没有"方向权"的，它的作用仅限于让人把手放在上面保持一个骑车的姿势。后面的人唯一可自由"主宰"的是车速：由于前后车链是连在一起的，所以当一个人骑快时，另一个人只能"脚不由己"地跟着，而如果另一个人想倒着踩脚踏板，那么另一个人也只能跟着一路倒下去。

　　骑在后面的感觉的确很舒服：不用担心方向问题，却还可以悠闲地左顾右盼欣赏风景，同时还能让自己坐惯办公室的双腿得到伸展锻炼；或再抬眼看看前面爱人宽阔而熟悉的后背：温馨、浪漫，一种"今生就跟定你了"的感觉油然而生，这种情调你还不心动吗？

　　一起和心爱的人骑情侣自行车，享受大自然的美丽，愉悦身心，既浪漫又环保，看见那么美的山山水水。心爱的妹妹坐在自己身后，有没有那种就这样一直骑下去，骑到天荒地老的冲动？

　　两个人一起骑自行车，既浪漫，又锻炼了身体，而且十分环保，一起做一个爱地球的守护者，何乐而不为呢？这种可以促进身心健康的运动方式，当你们情到深处的时候，还可以来一个小小的 kiss 呢！

这也就是情侣自行车，浪漫骑出来的原因吧！当夕阳慢慢落下，带着心爱的人，一起用力踩着自行车，抬头看斗转星移，感受时光在脚下慢慢流逝，在花丛中自由地飞翔，去感受自在驰骋在风中的爱情。

1. 需要准备好行装，如休闲服和运动鞋，一些零食和水，为出行做好充分准备。
2. 男孩子大献殷勤的时候到了，记得一定要用力地在前面蹬哦，女孩子负责在后面小鸟依人就好啦。

水上娱乐步行球

可以和心爱的TA，与水面零距离接触

娱乐、减压，两不误

较胖者要注意，此运动限制一定的重量

人类一直就渴望着征服水，我们现在可以在水上游，可以在水里潜着玩，可以在水上扩滚，你想过没有！轻功水上漂，在如今根本不是一个神话了，只要你有一个球，那就完全可以做到。

说起这个"球"字，大家一定不陌生，因为它是我们的一种玩具，被我们玩在股掌之间。但如果自己能进入球中，并且还要在水上行走，这是不是真有点太不可思议了？

如果你去公园，你一定会被你眼前的情景惊住。

因为有两个人在水中踩着球行走，你会不会大呼神奇？竟然可以在水上行走，而且还玩得不亦乐乎，心里是不是有跃跃欲试的冲动？

因为水的震荡使他们在球中翻来覆去的，所以在水里站着走最多只能保持一分钟，样子很是滑稽。倒下了又站起来，再倒下，也就只能用婴儿行走时的"爬行"式前进了！

是不是对这种水上的球状物体很好奇？想不想和你最亲爱的爱人一起体验一番？

水上步行球很受人欢迎，它是一个直径大约2米，充满空气的透明大圆球。游客进入其中，便能够借助水的浮力，踩着球的内壁在水面上"行走"。据说，在球内"步行"5分钟，相当于在陆地上跑5000米的运动量，在体验乐趣的同时还能健身。

情侣妹妹们是不是很心动？既可以游戏，又可以瘦身，是不是一举两得呢？

水上步行球也可称水上步行器、水上跑步球、水上漫步球、水上行走球、水上健身球、水上悠波球、水上透明运动球、水上气球和水上滚筒等等，一般在公园或水上娱乐场所出租，其操作简单、环保、时尚。租一块水上场地，人进去后开始用气泵充气，充满后（用手击打气球硬邦邦的）即可下水游玩。

对公园没有任何污染，且是公园一道亮丽的风景线，非常容易

激发年轻人及小朋友的好奇心。人在球里面的刺激、过瘾是其他水上娱乐项目无法相比的。

这项游戏娱乐，非常适合情侣之间的互动。球饱满后，在球里滚进水中，那感觉就像回到母体，安全又温柔。你们可以在球里面互相嬉闹、翻滚，尽情地展现你们彼此的恶搞天分；可以在球里面颠来倒去，直到你自己玩得筋疲力尽。

这项运动可以让你零距离体验到水上步行活动的锻炼，极大提高你的平衡能力和协调能力。因此，水上步行球活动被中央电视台5套的《城市之间》栏目制定为专项比赛活动。

当管理人员将你放进球体里面，缓缓推入水中，你一个不小心，就会被摔一个大跟头。要尽量平衡自己。这个时候，你可以和你亲密的爱人，一起拥抱着前进，小心翼翼地不让自己摔倒。又或者，你们可以邀上别的几对情侣，一起去体验这款游戏。你们一群人，可以在水上进行比赛，看谁能够把球推得更远，测试一下彼此的默契度。

1. 在一个球体里，你与空气同在，脚踏在软绵绵的水面，有一种神奇和梦幻的感觉——但是，站稳的难度相当大，走动的时候，摇摇欲坠。当然，这也是乐趣之一。

2. 在保持你站立在球上的同时，亲密互动是不能少的。你们一起窃窃私语，可以吗？

3. 玩水上步行球的时候，身上不要带比较尖锐的金属，不然把球戳爆了，可得落水啦！

热气球

在云间和心爱的人相偎依

让爱飞上天

准备工作比较麻烦，费用不低

还记得湖南卫视的那部自制偶像剧《一起来看流星雨》吗？剧情虽然有点雷，但是有一个桥段，那还是雷得相当有水平的。

慕容云海准备了热气球，把雨荨的眼睛捂住，然后一步一步带她上了热气球，热气球慢慢上升，雨荨紧张得小脸都变了色，估计心里是有喜有惊的吧，那么紧张兮兮的模样，是不是给人一种迫不及待的感觉？

当热气球慢慢上升到一个点的时候，云海就在一边讲那些肉麻兮兮的情话："我，慕容云海对着云，对着风，对着天空，对着大地，对着鲜花，对着彩虹发誓，一辈子只爱楚雨荨一个人，直到我们老去、死去。"

虽然这话够酸的，但是女孩子就爱听。估计电视机前的女孩子都被这幕浪漫的热气球表演给吸引住了吧，那还等什么呢！赶紧的，为自己和心爱的那个人，准备一场华丽的空中甜蜜记吧！

一般情况下，热气球飞行的气候条件是无雨和三级风以下，一个热气球里通常只能站 4 到 5 个人。在空旷的地方，当地勤人员协助飞行员用鼓风机把球体吹起来，并给球体加热时，受热膨胀的空气把球体撑得鼓鼓的，垂直地吊在吊篮上方，等游客在吊篮中站好以后，热气球升空了！

就像坐观光电梯一样，人在不经意间就到了空中，非常平稳。热气球升空后，飞行员根据需要，不时地操纵喷火头的手柄，向球体内喷射长度可达 1.5 米的火焰，以保持球体内空气的热度。热气球的飞行方向，目前还只能由风向决定，也就是随风飘游，飞行员能够做的只是通过增减球体内气体的温度来改变飞行高度，或者操纵吊篮上方的绳索，在极小的范围内对飞行方向作些调整。

在几十米甚至几百米的高空中，离开了喧嚣的人群，人在吊篮中，怡然自得，"轻松漫步"，放眼四望，多少风景尽收眼底，和着徐徐凉风，不禁心旷神怡，飘飘欲仙了。这时候，多少浪漫在其中，一个眼神就足够。那些海誓山盟，那些甜蜜的拥抱和 KISS 是不是都该出现了呢？

妹妹这个时候不要害羞哦，要记得咬住他的耳朵，很认真地告诉他，你需要他一辈子在你身边，需要他一辈子呵护你，不离不弃，无论多少风雨都携手共进！

热气球不仅仅是一项刺激诱人的休闲项目，还是一个有着优越条件的载体。全球五百强企业有三百家拥有自己的热气球广告，为其带来相当可观的经济效益。同时，利用热气球拍摄电影、电视剧或广告等的空中俯视镜头，成本非常低廉而且有效。

"热气球开始降落，美丽的世界开始失踪"，这么优美的歌词，赋予了热气球独有的魅力，就像"仰望摩天轮，仰望幸福"一样，有着众人的想象和美好憧憬在里面，不要犹豫和徘徊哦，站在云端，和你最爱的人，看云朵在自己身边流淌，俯视你脚下的世界，让那些美丽绽放在你们身边。

　　浪漫的情侣也可在热气球上举办一场别开生面的空中婚礼，让远远近近的人们感受婚礼的盛大气氛。那种独有的浪漫不一定在电视里才可以看到，自己也可以的。

　　现在众多城市里都有这样的设备，出一点钱，便可以体验一番，爱她，就带她去"驾着彩云飞"吧！

1　当热气球在上空的时候，女孩子要做好防晒准备，防止皮肤晒伤。

2　在热气球上准备一些鲜花和礼物是男生必须懂的呀！让对方感动得一把鼻涕一把眼泪的，然后投怀送抱，这是必须的。

3　热气球的方向还是要把握好，不然成"热气球历险记"，那就有点小糟糕啦！

反季节滑雪

酷暑夏日，约上TA，携手在雪上飞舞
浪漫不只是一点点
技术含量高，需要专业场地

　　"漫飘银花纷飞至，起舞玉带盘岭旋。挥杖凌驾千重雾，驰板透融三尺寒。"大雪纷飞时节，把自己想像成一只寒冬里顽强的蝴蝶，伴着飞舞的雪花翩翩起舞，这种感觉，是不是很酷？

　　滑雪是一项动感强烈、很富有刺激性的体育运动。当然也存在一定的难度系数，得强调一下，这样有挑战的项目，先去学会当然是我们男生义不容辞的事情啦！

　　初学者首先应该学好基本的滑雪技术，要请一名富有经验的滑雪教练对你进行系统培训。初学者在选择滑雪场地时，坡度不能太陡，6 度左右最好，滑雪道要宽，50 米左右为宜，要有乘坐式索道来运送滑雪者（牵引式索道不利于滑雪者休息），雪质要好，要有大型雪道机对雪面进行修整和保养，这一点对初学者很重要。

等帅哥哥你学会了，不带自己亲爱的那个她去显摆显摆，那对得起自己吗？

不过，大冬天滑雪这是很平常的事情，也没有什么好稀奇的，要是酷暑六月去滑雪，这样的刺激算不算上得是前所未有？这样的突发奇想，算不算与众不同？脚踩一块块破碎的雪壳，让其一片片地碎在空中飞舞，这绝对是顶级的享受。帅气哥哥们，在大家热得抓狂的六月之际，带上你亲爱的去清凉一夏吧。

7 月的北半球，刚进入夏季，而南半球则是隆冬季节。如果你想体验一把"冰火两重天"的强烈对比，那就到南半球去吧。

这两年中国的滑雪爱好者、发烧友增加，逐渐形成一种新的人群，原来大城市周边的滑雪场慢慢变得不太能完全满足他们更高的要求。新西兰白色滑雪之旅，囊括了新西兰南岛最著名的四大滑雪胜地，难度也是呈阶梯式增长，适合多种滑雪爱好者。

这让游客在夏天旅行不仅选择上不再只是常规的玩水、游海岛等，而且反季节旅游价格也更有优势。

如果不是偶尔去玩玩，建议还是自己买滑雪装备。装备分基本

装备和高级装备。基本装备在初级水平就应该配置，一套初级装备三五千元就能搞定，中级到高级价格要高出不少。建议滑雪水平达到中级以后，再考虑购进高级装备，如雪橇、雪靴。

护目镜：防止雪盲的发生，在下雪时防止雪花打痛眼睛。

雪靴：穿入后要紧而舒适，除非到顶级水平后为追求性能而牺牲舒适。直立时脚趾触到靴端，前倾时脱离接触。穿雪靴在雪地行走时步子适中，用后跟先着地。

滑雪板：在穿滑雪板之前，先把两支雪板放在平地（初学者不要在斜坡上穿鞋），在双手执杖支持下先后穿板，先将前脚掌置入滑雪板固定器。上滑雪板时，只需将后部的固定器抬起，将滑雪靴的前端插入前部固定器的凹槽内，用力向下压滑雪靴的后跟，听见

"啪"的一声，固定器已将滑雪靴的前后端紧紧地卡在滑雪板上了。

雪杖：雪杖的正确握法是先将手穿过雪杖的佩带，然后将佩带握在手中，这样万一摔倒后，雪杖不会下意识地扔出去。

在穿这些装备的时候，细心的帅哥哥一定要帮妹妹穿哦，你的体贴这个时候不拿出来，更待何时？

穿好板后，双手执杖插在身体两侧帮助平衡，同时两脚踩板前后移动，适应滑雪板。初学滑雪者首先要记住一条，千万不要让自己的前小腿离开前靴筒，一定要紧紧地贴住，不然必摔无疑，等有了感觉再练其他动作，循序渐进。

初学滑雪者在滑行中经常会有控制速度及方向的困难。这时如果一味向前滑，可能会造成危险。在这种情况下，主动摔倒不失为一种好的选择。摔倒时应注意不能向后坐，这样不会停止滑行反而更难控制速度及方向。正确的方法是向侧面摔。

摔倒起身时应先将双脚并拢。雪板应尽量与滚落线垂直，这样可避免雪板在起身的过程中滑动。这时将身体蜷起来，头尽量接近膝盖，再用手或雪仗将身体撑起。

如果是第一次练习，那你俩还得找个教练，这样学起来比较快。反季节滑雪算是一项贵族运动，因为反季节的滑雪场很少哦，国内乌鲁木齐喀纳斯有一个，还有新西兰也有。

不过为了快乐，花费一次又如何呢！

1 要根据自己的水平选择适合你的滑雪道，切不可高估自己的水平。在滑行中如果对前方情况不明，或感觉滑雪器材有异常时，应停下来检查，切勿冒险。

2 在两个人手拉手一起滑下来的时候，哥哥一定要注意保护妹妹，要是她摔倒了，适当地当一下肉垫是很有必要的。

3 在中途休息时要停在滑雪道的边上，不能停在陡坡下，并注意从上面滑下来的滑雪者。

4 你俩应该会是结伴滑行，但是相互间一定要拉开距离，切不可为追赶同伴而急速滑降，那样很容易摔倒或与他人相撞，初学者很容易发生这种事故。

寺庙许愿

让佛祖见证你和 TA 的感情

浪漫、真诚，能直接看进 TA 的心里

有信仰方面的局限性

　　人们常说，佛祖自在心中。可能在平日我们会下意识地去说许多谎，那都是些无伤大雅的小谎言。但是在神佛面前，哪怕面对的只是一尊雕像，说谎时都会有发自内心的不安。因为当我们对神佛撒谎的时候，也正是在欺骗自己，各种各样的电视剧小说里总会出现这样一句话："你骗得了别人，却骗不了自己。"所以，如果想知道对方是不是真的爱你，不妨约着 TA 一起去山中的寺庙，在佛的见证下许下对彼此珍惜的愿望。

　　如果你爱 TA，更可以去寺庙给 TA 祈福，求得 TA 平安健康。有了佛祖见证的爱情是多么的虔诚。

寺庙一般都建在半山腰上，上寺庙最好还是自己爬上去，坐车的话多少显得有些不够真诚。而且山清水秀的，也是一次不错的登山之旅。

你们可以自行带一些贡果之类的，香在寺庙里有买，香不能叫买，要叫请。请香的钱一定要自己付，不能让任何一方付，这个时候不是体现大方的时候，而是虔诚的表现。

寺庙的菩萨很多，可以一个一个拜过去，当然如果时间不够，可以只在大雄宝殿前烧香。

烧香也是有讲究的，如果自己带了打火机之类的，自己把香点燃这样最好，香不需要太多，三支就好，面朝大殿的大门，双手轻握青香。握香姿势也有讲究，男士左手上，右手在下，女士则刚好相反；握好香后，双手突然往上一举，借这股气流把燃烧的香的火苗熄灭，千万不要用嘴去吹灭。

不要以为香越多越好，这是误区，心诚心净才是最好的。香点燃后，先双手握香顶礼，双举至额头，高度绝对不得低于下身，跪拜三下，拜完之后将香插入香炉，应用左手燃香，因为右手为杀手。

万佛一炉，在外面烧了香之后，进庙可以不必再烧香，如果要烧，可以烧一支，最多不可超过三支。

但经过每一个佛堂，都要合掌朝拜三下，佛前都有功德箱，如果条件允许可以放点功德钱，如果不是很富有，也可以不放，这个佛祖能理解的，不会怪罪。

　　最虔诚的跪拜，一般是三拜，也是代表佛法僧三宝，先站立两手合十，两脚呈八字，两脚跟相距大约两寸，两脚尖大约八寸，拜下去右手先按拜垫，接着头触拜垫，两手自然分放两边，注意臀位不要太高，两手再翻转，掌心向上，五指像莲花一样散开，接佛菩萨的甘露法雨，起立时还是右手撑拜垫再挺起来，双手合十，三拜后顶礼，也是双手合十鞠躬，后抬起身来，两手食指相合，点自己眉心一下，双手回归合十，拜佛完毕。

　　在庙里按顺时针方向行走拜佛，进庙前尽量不要走中间，沿阶梯边沿而上，男左女右，进门时尽量不要走正门，因为方丈朝晚课时都是从正门进的，而沙弥等从偏门进，所以为了和寺院一致，大家都尽量从偏门进，男左女右，进去时尽量跨右脚，出门时也从偏门出。

　　大殿中央拜垫是寺主用的，不可在上礼拜，应选择旁边的拜垫，男生选左边的，女生选右边的，如果有人在礼拜，不要从他前面经过。

　　拜佛一般都会许愿，许愿不要求佛祖保佑你发财，佛不是保佑你发财的，可以求平安，求健康幸福，求世界和平也行。寺院有很多的经书，可以拿几本。

　　如果你们是情侣，进寺庙需要特别注意：不要在寺庙里打情骂俏，更不要过分亲昵。有些寺庙会有些警示牌，比如不要脱鞋，不许拍照什么的。见到僧人应行礼，方式为双手合十，微微低头，或单手竖掌于胸前、头略低。千万不要像见到几十年未见的亲人似的，握手，拥抱，特别不要因为僧人光秃秃的头好玩而去摸。

　　你的 TA 愿意和你一起去寺庙许愿，那恭喜你，代表 TA 很在乎你。幽静的古老寺庙，庄严肃穆的氛围，还有四周的青山碧水，远离尘世的喧嚣，在一方天地中寻得你们心中宁静，紧紧牵着 TA 的手，对佛祖许下你心所愿吧！

① 女人大姨妈来的时候不要去上香。
② 进庙门的时候，千万不要踩门槛，踩了可是大不敬。
③ 拜佛的时候不可以随口乱承诺，说什么若愿望实现就怎么怎么着，如果承诺了，一定要还。

④ 不要不经寺院同意采摘寺院管理范围的花果，私自拿供品等物。

⑤ 游历寺庙时不可大声喧哗、指点议论、妄加嘲讽或随便乱走、乱动寺庙之物，严禁乱摸乱刻神像，如遇佛事活动应静立默视或悄然离开。

⑥ 对寺庙的僧人、道人应尊称为"师父"或"法师"，对主持僧人称其为"长老"、"方丈"、"禅师"。喇嘛庙中的僧人称其"喇嘛"，千万不要直呼"和尚"、"出家人"，甚至其他污辱性称呼。

一起坐公交

价钱低，不受时间限制的浪漫
看着窗外的美景，也可感受此刻的温馨
会有车内拥挤的疲劳感

　　还记得当年看那些浪漫的韩剧和唯美日剧时的感受：学生时代的男女主人公并肩坐在最后一排的位置上，阳光温暖，光线柔和，原本嘈杂的公共场合，相爱的男女却好似可以散发出神奇魔力一般，隔绝了纷纭，衬着窗外一闪即逝的海景和樱花，美丽一如年少的誓言。

　　我们生活在这个熙熙攘攘的大都市，在人来人往的人世中像饥渴无奈的野兽一般追逐着爱情，渴求一方天地，可以容纳两个人的相惜。

　　看过那么多的故事，相恋至深的情侣排除万难，携手共进，数年之后置了房子，买了汽车，但是那些年前的爱情早已寥落。没有人能说明白到底是为什么。只是在看到新闻图片中撕破脸面目可憎的男女时，脑子中总会不经意地浮现出往年的画面，那时他们可能还只是学生，那时他们没有钱，那时他们蜗居在小小的出租房里，那时他们紧紧地拥抱在一起，许诺要给对方最好的生活，后来有了大别墅豪华车，心却空了。

无论是出于对浪漫爱情的向往，还是见证曾经的艰苦岁月，恋爱中的男女都一起去坐坐公交吧，选定一个目的地，公园或者学校，选择靠窗可以看风景的位置，女生头靠在男生的肩膀，享受一次公交温暖。

最好是找那种一两块钱就可以坐到目的地的线路，来回坐一次就能坐上半天，而且现在的公交都有空调，要是在冬夏季，多好，免费享用空调。

坐过公交的人都知道，公交现在基本上没有几条路线会是空的，尤其是在上下班的高峰期，那不只是没有座位，还是人潮汹涌。所以选择公交车的时候一定要选在始点站和终点站的线路，这样可以有选择性地找到，看着满车摇摇晃晃的人儿，你俩可以舒服地坐在座位上，那也是一种优越感呀！

当然，如果遇到年迈的老人，腿脚不便的人，还有抱着小孩的，挺着大肚子的，你优越感就得化为善心，站起来给人家让座吧！

尤其是男生，应该主动让座，不要让女友提醒，要不然就准备接受整车厢人的鄙视吧！不过本来就是去享受一次坐公交的快乐的，为了防止老是要让座，可以选择公交最后面的位置，那么让座的事就轮不到你了。

如果很不幸，你们所在的地方，没有一趟车在你们那儿是始点站或终点站，那就挤吧，挤公交车也是一项不错的尝试，尤其是男生发扬保护者形象的机会。在人挤人的公交上，男孩子可以充分发挥男子汉的精神，用你的臂弯为自己的女朋友圈出一方小小的空间，将"骚扰""咸猪手"统统屏蔽在外！

然后尽量找寻座位，'抢'座位可是也有技巧的！

如果车上人多，不要挤在车门前的地方，往车后走，那儿一般会比较空，人们往往图方便都爱挤在门口。

如果后面有人下车，那儿的座位就是你们的了！

其次，可以观察坐着的人的形态来判断他会不会在最近几站下车。有几种人肯定是不会在中途下车的，看报纸的，翻来翻去看的！玩手机的，戴着耳机听歌的！睡在座位上打盹的，尤其还流了口水的。看着窗外风景，长时间保持一个凝望姿势的，这些人可以无视，他们一般是坐到终点站的。

一般你需要让座的对象，也是会在中途下车的对象，例如，老人，带小孩的，还有小学生，因为他们不便出行，所以就算坐公交，应该也是不远的路。

"抢"座位也是一个考验你俩观察力的方法，两人可以比一比谁的观察力更厉害。

情侣必须注意的是，公交车毕竟是公共场合，切记要注意亲热分寸，在一些新闻或者网络帖子上随处可以见到类似的新闻：青年情侣在公交车上亲热，不顾旁边男女老少，肆无忌惮地亲吻，到了"情浓"之处，男子还将上衣脱掉，赤膊上阵，后面的小朋友指着他们问："妈妈，他们在做什么啊？"大人无语，只能用手挡住孩子的眼睛："别看别看。"最后那对青年男女惹得人神共愤，最终被司机驱逐下车。这种情形一定要避免，公共场合该有公共场合的举止礼仪。

中国的公交一贯的评价都是脏乱差，在这种地方培养感情有时难免过于牵强，但爱情往往就是这么神奇玄妙，有的人转角遇到爱，有的人转角遇到（尸巴）（尸巴），有的人在公交上遭遇扒手咸猪手，有的人则能遇到命中注定的恋人。

不久之前在微博上就出现过这样的故事：一个男生在每天乘坐的公交上邂逅了一个长发女生，两人每天在公交上相遇，又在公交上分别，虽然彼此不曾说过一句话，但须臾的目光交接，弯起的眼角，泄露了彼此心底的秘密。直到有天女生消失，不再出现在两人有唯一联系的公交上，于是在微博上，就出现了一则关于寻人启事的帖子，找的正是那个女生，在网民们狂热地转发和祝福之后，两人终于面对面地相遇了。

这一事件告诉我们，公交也是个感情培养地，要不然那些电视剧里为何老出现公交情景呢，而且公交上发生的趣事也非常多。想想公交约会，多爽！

① 公交上人多手杂，一定要小心身上所带之物。
② 记住公交线路的最晚班时间，别错过时间而回不来。

乡下种菜

回归大自然，享受最绿色的劳作

收获最美味的蔬菜，也可增进双方的感情

不适合没有太多空闲的人

　　"采菊东篱下，悠然见南山。"古诗中对田园生活那份淡淡的悠然情怀即使到了现代依然令无数人向往。

　　住在拥挤繁忙的大都市里，呼吸污浊的空气，吃着添加了各种化学制剂的蔬菜水果飞禽走兽，现如今，蔬菜是洒了农药的，水果是加了甜蜜物的，鸡鸭全是喂饲料长大的，与其说吃的是蔬菜水果，不如说吃的是化学产物。最近食品部门又爆出这么多有"毒"的食品，真不知道还有什么是干干净净、无公害的食品了。

　　我们到底该吃什么呢？别人种的不敢吃，只有一个办法，吃自己种的呗！如今在都市中流行起的"种菜"，可不是网上流行的农场种菜，是货真价实地到乡下种菜哟。

城市的许多家长在节假日的时候都会带着孩子驱车到空气清新的乡下，耕地、种菜、施肥，体会动手实践的乐趣。与此同时，很多都市白领将到乡下种菜当成一种休闲娱乐的方式。

所以咱们周末约会干吗呢，相约一起去农村田地里劳作呗，既能陶冶情操，又可以享受一起劳作的快乐，最重要的，吃着自己亲手种的蔬菜，那倍儿放心，倍儿香甜啦。

这地，可以与农场主签一小块，也可以直接向乡亲们租。有些郊区有专门用来租给城市里面没有条件种菜的农场，一般的费用为每块地每年八九百块钱。如今房价飞涨，一想到身上背着一座重重的大房子，就身心俱疲。而乡下的菜园子一年的费用不足一千元，虽然不能住也不能睡，但看着好歹心里平衡——这可是货真价实的20平方米啊！

租了地之后，就在这块地上立个小木牌，表示这块地就是你们的啦。然后呢，你们就得开始种菜了。荒地可是不对的，如果你们从来没有种过菜，那就请农场的员工教你们吧！如果是租的乡亲家的地，那就让乡亲教，他们绝对很乐意的。

先要买蔬菜的种子，没有种过菜的情侣们，你们可一定要选容易种的蔬菜和瓜果来种。比如黄瓜、丝瓜和豆荚这些，还是番茄也挺好的。种子尽量不要买转基因的。

　　买了种子之后，并不是就可以往地上撒了。

　　你们得先整地呀，松土呀，拿锄头锄。锄禾日当午，粒粒皆辛苦呀，种一回蔬菜你就能明白蔬菜真的种植不易。

　　松好土了之后，让土被太阳晒一晒，在撒种子之前把土整平，把太大的土块敲碎，然后就可以把种子撒在菜地上了，撒种子不要撒得太密了，否则它们长大后就会密密匝匝的。

　　撒好种子之后轻轻拔拔土，要用耙子，把一些泥土轻轻盖在种子上面，防止鸟雀来偷吃。

　　当然有很多的蔬菜可以直接买苗回来种，这样也可以省不少事儿。

　　种子发芽之后要浇水，浇水可以以洒水的方式，不要用太强的水柱，最好在洒水壶前安上莲蓬状的洒水器。炎热的夏天，一般隔两三天要洒一次水，如果平时没有空来管理，可以让农场的人代为照看。

　　平时要施肥，当然尽量不要用化肥，那会影响到蔬菜的口感，可以用人的粪便来施肥，这样既经济又环保。

　　在蔬菜生长的时期，土壤里会长出各种杂草，要把杂草拔除，才不至于让它们抢了蔬菜的养分，两人周末的时候一起拔草吧，戴上草帽，卷起裤腿，一根一根地拔下来，有一种除害的快感，比玩网络种菜游戏爽多了。

　　到了快熟的时期，蔬菜就要长害虫了，如果这些害虫足够大，而且数量不是很多的话，一定要自己抓掉，通常在清晨的时候你就可以看到肥大的毛毛虫在啃着鲜嫩的菜叶。就算是数量很多的话，两人也要耐心地捉下来，捉不完的，情愿蔬菜被害虫吃掉一些，也不要去打农药让蔬菜受到污染。女生要是害怕虫子，就让男生一个人干，女生站在一旁打着扇儿就好了。两人一起种菜，会给你俩家人的感觉，仿佛是已经生活在一起多年的老夫老妻。

千辛万苦的种植，蔬菜终于成熟了，熟了就得收割。收割的时候在离根部不远的地方用刀切断，不要离根太近，也不要太远，根多了做菜的时候很麻烦。

收完之后，要把土重新翻松一次，让太阳好好照晒几天，然后就可以种下一拨了。不过有些蔬菜收割之后会再长，可以收割好几次，比如空心菜之类的。

抱着自己种植的绿色蔬菜，好好地做一顿美味的佳肴吧。人间最美好的东西莫过于自己努力得来的。为了两个人共同拥有的东西做出努力，无论大事还是小事，都是值得纪念和回味的浪漫事。

小时候看的那么多神话故事中，仙女们背叛天庭，为的只是这种单纯的、男耕女织的淡淡幸福。可惜现实，你不是董永，我不是七仙女，没有一个天庭让我们背叛，无法演绎一场轰轰烈烈荡气回肠的神话，我们能做的，就是拉着小手，哼着小调，逃离喧嚣的都市，过那么一回货真价实的男耕女织。

① 种植蔬菜要勤劳，不可一天打鱼，三天晒网。

② 如果没有经济型的粪便做肥料，那就只能采用化肥了。化肥用量要适中，用多了会让蔬菜因土壤过肥而萎了，用少了会影响生长。用量不清楚的一定要请教有经验的人。

③ 蔬菜熟了之后要及时收割，否则蔬菜也会变老。

商场捏方便面

重回年少时调皮捣蛋的兴奋

新型减压的独特方式

易招惹商场保安

　　还记得小时候玩的塑料泡沫吗？一颗颗，圆滚滚，整天跟在那些买新家具的邻居屁股后面，巴巴等着的就是那个东西，几个要好的伙伴凑在一起，一人一块，用手指拼命地往下按，"噗、噗、噗"，听着一声声清脆的响声，看着手中终于全部瘪下去的塑料纸，心情出奇的好。

　　人生来就有一种破坏心理，并以某种破坏得逞为快乐，有时候女生狠狠地咬男生一口会觉得特别舒畅，有时候人们拿着纸巾乱扯也能开怀。

　　恋爱约会时不一起去做点破坏性的事情，那就真的是浪费了两个人寻找快乐的权利。俗话说有很多人并不是不想做坏事，而是没有胆，一个人不敢的事情，两个人就有可能去做了。

比如，某个夜晚约会的时候，去超市捏一捏易碎的东西，像方便面呀，把方便面捏碎，捏起来咔咔作响，真是爽到不行。

如今在国外，很多压力山大的白领们选择用这样的方法来缓解压力，似乎要去"摧毁"一样什么东西，人们的压力才会得到释放，这样看来，人的本性其实还蛮恶劣。相比枕头大战、捏塑料泡沫、在游戏里面痛揍老板这些无害的宣泄方式，最近出现在超市中的"捏捏族"们令人无语，"捏捏族"大多为都市年轻白领，通过虐待超市食物如易碎的方便面、薯片、饼干等来宣泄情绪，惨遭毒手的超市欲哭无泪……

有人要说，哎哟，身为成年人，却还做出如此幼稚的事情来。谁说成年人就不能做这样任性的事，我们要求心理年龄永远保持童真！

这样的成年人才真正的可爱。试想一下一个每天一本正经的老板，每天下班之后就到超市，在确定四下无人之后就拿起一袋方便面猛掰，同时将食物袋想象成某个"坏小孩"的脸：让你和我掐架，让你怠工，让你喊我"狗剩"的小名……我捏我捏我捏捏捏！哇，这老板老可爱了！

恋爱中的男女情侣们听好啦，现在可不流行什么牵着你的手散个小步压马路，带着你爱的 TA，化身小恶魔一起去做些"坏事"吧！与其花大钱坐在餐厅里面吃烛光晚餐，倒不如抛下斯文、伪装和矜持，爆发你的小宇宙，杀入超市，捏方便面取乐。

首先做这种事，得偷偷地来，所以，先在超市里找到方便面的柜台，如果人多，那就拿起一包方便面，和 TA 讨论着这方便面是什么材料的呀，一边聊天一边悄悄地捏，捏完一包换另一包，神不知鬼不觉地捏完。又显得你俩特别恩爱，像老夫老妻似的在买家庭粮食。

若是正好这一节柜台没什么人，而工作人员也不在，那就动作大点，拿起一包三两下捏碎再换另一包，动作越大，速度越快，心里越爽！

两人一起捏，还可以比赛谁捏得最快！

奸计得逞之时，心里舒畅了，相视大笑吧。什么！做了坏事还敢大声笑，当然做了坏事不能笑，所以吗，你们是有责任心、肩负着社会主义现代化建设的有为青年，在造成这么大的破坏之后，就得为自己的破坏力买单，因此，方便面一定要买回去！要不然捏碎的方便面谁来买呢！所以捏得越爽，买的就越多，花钱也不少，要带好钱包出门。

人无完人，但我们从小就被主流社会教育着，要成为一个完人，所以我们的很多东西都被压抑了，其实我还是蛮脑残的，其实他有点神经质，其实那个人是话痨，其实某某很无赖。即便不是为了宣泄压力，情侣们也可以一脸纯真地拉着小手去超市，将自己小野蛮的一面展示在对方面前：其实，我很邪恶的！！

① 捏方便面不要让小朋友们见到，捏方便面不是你的错，但是出来带坏祖国的花朵们就是你的不对了。

② 若是被别人发现，别人会对你投来鄙视的目光，甚至有侠义之士对你进行指责，乖乖放下方便面走掉。

玩网游

容易产生共同的话题

娱乐放松的一种方式

容易沉迷，易产生摩擦和口角纷争

相信很多男生都有这样的经历：在网游中奋力厮杀的时候，女朋友打电话来让你和她一起逛街；忘记了女友生日，忘记了约会地点；或者是在网游上还有不止一个"老婆"；……相信除了足球赛之外，网游已经成为女生们的头号大敌！

鱼和熊掌二者可兼得乎？

你是要网游，还是要女友？唉，世间安得双全法，不负网游不负卿！

如今的网游特别火，不仅学生爱玩，连工作的白领也喜欢玩，从最初的星际争霸到如今各式各样的修真、仙侠，网上的很多情侣都是从网游发展而来的。既然戒不了网游，那么我们就让女友也一起来网游，做一对网游夫妻！

两人一起玩网游戏，最好选择适合男女两人一起玩的游戏，事实上很多女生对烦琐的战争类游戏没有好感，不断地打怪升级更是考验女生的耐心。所以在票选出来的网游中，劲舞团依然坚挺！这款游戏拥有动感的音乐和时尚的服饰搭配，简单的操作，丰富的道具，使劲舞团这款游戏的女网友大大超过了男性，这是其他网游没有的，正因为如此，劲舞团同时也吸引了大批男网友，男女网友之间的互动相当频繁。

一款能吸引情侣的网游，一定要有最核心的情侣系统。深受女性网友喜爱的除了劲舞团之外，跑跑卡丁车也是最适合情侣玩的网游之一。跑跑卡丁车是一款集竞技与娱乐为一体的网络游戏。跑跑卡丁车同样具有情侣系统，发情书、结婚，在游戏的同时也可以感受爱情的甜蜜。

选好游戏之后，就可以一起去游戏里厮杀了，网游该怎么玩，这个应该不用教了吧，这年头没有不会玩的。

让你身边的他，好好教你一番，指不定女生也马上就迷上了这种游戏。网络游戏的固定模式差不多就是建立账号，建立人物，然后升级，做任务，打副本弄装备。如果操作强悍，还能站在整个游戏服务器的顶峰，受其他玩家的膜拜。

　　玩网游最害怕的就是沉迷游戏不能自拔，网吧空气不流通，龙蛇混杂，而且游戏一旦玩上了瘾，就会沉迷，所以我们见到不少男生邀约着到网吧熬个几天几夜不眠不休，吃的是泡面，喝的是可乐……如果和女友一起玩网游的话，最好不要带着她一起去网吧玩，也不要让她看见你沉迷游戏乐不思蜀疯疯癫癫的恐怖模样。

　　在网游这个明显男多女少的虚拟社会中，女性网友总是很吃香，相信很多男同胞们即便家有仙妻，也忍不住在网上和对方打情骂俏，甚至"结婚"成为夫妻，别以为对女友简简单单地说一句"都是假的"就会没事，即便是虚拟的，女友也会吃醋。有时候仅仅只是为了做任务升级，很多人都会选择结婚然后完成夫妻任务，所以与其和别的女生或者人妖谈谈情说说爱，倒不如为你的她注册个账号，两人一起游戏，不过将女友带入网游世界的男生们也要小心，千万别让其他玩家将女友抢走哦。

玩网游还要注意的就是主次问题。很多人玩网游，为的就是获得那种在现实世界中感受不到的权威，翻手为云覆手为雨，成者王败者寇。在如今国内很多的仙侠类修真类武侠类的网游中，都有些什么武林盟主、大神之类的存在，辛辛苦苦一路拼杀到最高处，为的还是那种销魂的成就感。很多女生踏上网游这条不归路，大多是受到了男友的影响，所以刚开始玩的时候，女生往往一片茫然，不知该从何玩起，而且等级一般非常低，也许你达到了三十级的时候，她才辛辛苦苦拼到十级……女生和你一起玩网游，不要以为她就应该屈从你，她那是在迁就，是为了和你有共同语言，可以这样说，如果不是因为你，她没有必要在这个虚拟的世界中跌跌撞撞……所以，和女友一起玩网游的时候，不要只顾着自己打怪升级一路往前冲，要学会体谅照顾女友。

带着女友一起玩网游，最悲催的事情是什么，知道吗？

不是她的等级超过你，也不是她在游戏中重新找到了一个小白脸，而是你的她彻底沉迷网游。想当年，曾记否，她还是那个站在光怪陆离的游戏世界门口，一脸茫然的小女生，她什么都不懂，每次两人一起组团打 BOSS 时，她只会呆呆傻傻地站在你身后，然后你发了一个大招，为她撒开一个绚烂的安全网……可是现在呢？她双眼呆滞，面色苍白，整天面对着电脑，噼里啪啦地敲击着键盘，在队友失误时会随后喷出三字经……对，你的女友经由你的带领，已经由网游世界中的菜鸟成长为大手，由小萝莉成长为御姐。

一起网游当然是无可厚非的，能增进你们之间的交流，加深感情，可是一定要把握好尺度，切勿沉迷。合理安排时间玩网游，建立你们之间的网游帝国吧！

1 网络交易并非直接交易实物，虚拟物品极易受骗，一定要小心骗子，防骗最好的方法是勿贪便宜。

2 不要在游戏里与异性什么的走得太近，尤其是相互称老婆老公的，最影响情侣的感情。

3 网络是虚拟的，就算是两人都爱好，也不可为了它而废寝忘食，身体最重要。

冰钓

享受垂钓的乐趣，更能平静躁动的心
体验独钓寒江雪的意境
有一定的危险性，受时间的局限性

有句古诗是这么说来着，"千山鸟飞绝，万径人踪灭。孤舟蓑笠翁，独钓寒江雪"。坐在冰面上，钓着水里的鱼儿，只有古人这么有意境。

有这么一幅画，两人相偎着静静地坐在冬日的冰床上，垂钓，日光倾城中，这对恋人的发丝似乎都是金黄色的，氤氲在一片美好到几乎不真实的光中。

上面的诗句和画，都指出了一种玩乐，那就是冰钓。冰钓，顾名思义就是在冰面上垂钓。

冰钓近年来在国内渐渐热起来，除了老人之外，有越来越多的年轻人加入其中。冰钓是指在江河湖泊封冻，冰层厚度达到八至十厘米时，凿冰垂钓。年轻人心性好奇，同时也追求浪漫，在冰天雪地的冬日里，与其坐在空调房里囤积脂肪，不如带着 TA 到户外，行走在宽广的河面上，体会一番冰钓的乐趣。

别以为冰钓和平常的钓鱼一样，拎着个小桶，扛着根鱼竿就直奔目的地。冰钓的学问大着呢，首先来说说装备：

首先，冬季在外，而且是在冰上，肯定是保暖第一，所以需要保暖衣裤，厚底靴厚袜子，年龄大的最好有护膝。怎么热乎怎么穿，毕竟这是垂钓，还是在大冬天的，衣服穿少了扛不住啊！

再来就是凿冰洞的工具——冰镩，它们通常是用 45 号钢打制而成，长度最好是在 90 厘米到 100 厘米之间，这个长度的冰镩凿冰洞时最省力。冰镩和手钩的尖部要用胶管或塑料套住，以防伤人伤己，还可使利刃部分免受损伤。

笊篱，用来把凿出来的洞里的碎冰捞出，最好选用直径在 15 厘米、由金属丝编制而成的、孔径是 5×5（毫米）的那种。孔径太小则笊篱如同大勺子一般，漏水慢得要命；太大则小冰碴根本捞不净，捞了还有，无穷尽呀。网面不要太深，只要有一定的弧度即可。这种笊篱的网面较漏斗浅，而且有弹性，一旦结冰，只需在冰面上轻摔就可将冰崩掉。总长度应以伸直手臂能够到冰洞的远边为准。

手钩，冰钓时，手钩代替了抄网，它用于把大鱼从冰洞中钩出。手钩可购买可自制，最好选用钩尖呈三角形的那种，较锋利，长度达50~60厘米即可。

钓竿，这个是钓鱼必备品了，冰钓中一般同时使用三根钓竿。使用的原则是：在水浅的坑塘，大概水深不超过一米五，在这样的地方就使用长一些的钓竿较好；在水深的水库则使用短竿较好，这是为了出鱼方便。

鱼钩用海汐5-7号或6-9号就可以了，鱼漂用一般的塑料漂就足够了。这种搭配灵敏度高，显示精准，只要鱼漂儿稍有动静即可知，而且大小通钓，就是重达1500克的鱼也可直接从冰洞中拉出。钓线可采用0.3毫米的强力线，大小鱼都可兼顾。

也可不用浮漂，观察竿尖的抖动来判断鱼情。

钓前凿冰要用冰镩和笊篱，选择好钓位后，根据携带的竿数用冰镩凿出等量的冰眼，然后用笊篱将碎冰捞出，即可打窝下钩垂钓了。

冰钓所用的饵料，主要以活食为主，如红虫、蚯蚓、昆虫蛹及小活鱼等。也可用面食，如玉米粉、面粉、糯米粉和豆粉，以及白薯等配合制作。

冬季冰钓同其他季节垂钓有许多不同，首先要选择一个最佳的钓鱼点，因为你们要对水下的地形地貌了如指掌才能选准位置。一般选择枯草多的地方，这样的地方鱼既可藏身，又能防风御寒，是鱼冬季最佳的栖息地，鱼儿自然就最多最肥了。

冬季垂钓还要注意天气的变化，一般来说，大风大雪和阴天不宜出钓，即使是晴天也要选择向阳背风处凿冰眼。

冰钓同其他季节选位有一个共同点，就是要充分考虑到水温、溶氧和食物，因为这是远位的基本要素。

位置选好后，凿好洞就要开始垂钓了。冰钓要先诱后钓，诱饵要选择浓香或腥的，这主要是"夏天鱼找饵，冬天饵找鱼"的缘故。如果"窝发漂不动，肯定饵有毛病"，要力求钓饵比诱饵好，鱼儿才会上钩。

冰钓的技巧可以概括为：一诱、二香、三逗。渔谚说："凿开冰眼投诱饵，莫急下钩等一会"。凿冰眼时，鱼受惊肯定入水逃窜。因此，要借助诱饵的气味把鱼引回来，不必匆忙下钩。

冰钓观漂极为重要，冬天的鱼身体僵硬，吃食也是半张嘴，极少见到鱼漂沉没或升起多次的现象。因此，只要见到鱼漂上下点动即可扬竿，切莫坐失良机。鱼不吃钩时，每隔三五分钟轻轻提提线，让钓饵处于动态，此举往往会立竿见影。

冬天里相偎坐在冰面上，嘴里呵着白雾，晒着温暖的冬日阳光，钓上一两条鱼儿，是何等的惬意之事呀。情侣们，赶紧行动吧，不要再在冬天的时候窝在家里只顾吹空调了！

1. 冰钓最注重的就是安全问题，冰层厚度一定要达到八厘米以上才可以站人，冰层较薄十分危险，必须注意的是，离桥较近的地方冰面较薄，很容易掉下去。尽管隆冬时节冰冻得较厚，但由于太阳照在水泥等质地的桥墩上，桥墩吸热散热会使冰面变薄，同时桥面挡风，桥面的吸热散热使桥的下面及其附近冰面冻得较薄，甚至冻不上，如果太近的话难免发生意外。

2. 春季到来，气候转暖，冰面拉力减小。这时候，冰面即使厚也不结实了，此时千万不要贪钓，以免发生意外事故。

3. 注意防冻伤、防摔伤，尤其要防人落水的恶性事故发生。要结伙前往，相互有照应。临行前不要忘记带上长绳子，以备急用。

参加公益活动

既可助人为乐，愉悦身心
又可培养心爱的 TA 责任心
空虚的心灵不是用金钱就可以慰藉的

有这么一句话，"赠人玫瑰，手留余香"，也就是说帮助别人，自己也会得到收获。可是现在的人们生活节奏太快，心理压力也大，很少去关注身边那些需要关注的人。并不是我们变得冷漠了，也不是世态炎凉了，而是大伙都只顾着忙自己的事去了。

好不容易一个周末，一个假期，都想着好好放松一下自己，好好地陪一下恋人，好像就没了时间再去帮助别人。

其实并非陪恋人就不能去帮助别人，带上恋人一起去参加公益活动，关心一下社会孤儿，关心一下落单老人，也可以是一次愉快浪漫的约会。选择性地参加一些力所能及的公益活动会让你觉得生活更加有意义，也能从中获得幸福的动力。

选一个假期，不出行，报名参加公益活动做义工吧。这种另类的约会，会让你们身心都健康的，公益活动所获得的快乐，是一种发自内心的快乐，是别的快乐无法比拟的。

义工活动范围一般涉及助学、助老、助残、其他弱势群体关注、青少年问题关注、环保以及一些社会公益性宣传活动。

其中助学义工一般工作内容主要是为参与收集调查贫困学生资料、整理贫困学生资料、宣传助学活动、募集助学款、助学后续工作跟进等。

助老一般为进入社区或者敬老院，给老人一些情感的关怀，为老人做些力所能及的事情。主要是陪老人聊天、下棋，还有有时帮着干点活，例如洗点衣服、打扫之类的。

助残包括宣传全社会公众平等对待残疾人，协助残疾人学习基本生活技能，促进减少社会公众与残疾人的交流障碍，等等。

弱势群体关注包括贫困重症患者募捐救助、流浪人员物资关怀等等。买些糖块、水果和书本去孤儿院，为孤残儿洗洗衣服，抱抱不能行走的娃娃，与稍大的孩子做做游戏，听他们说说心里话，分享他们的喜怒哀乐，在孩子们面前，听着他们银铃般的笑声，看着

他们红扑扑的脸蛋，感受他们的纯净与质朴，多少郁闷都会跑得无踪影。

青少年问题关注包括单亲家庭青少年关爱、问题家庭青少年关爱、家庭暴力干涉、孤儿关爱等等。

环保包括环境保护宣传工作以及一些身体力行的环境保护活动开展。

社会公益性宣传活动一般包括血液、遗体捐赠、戒毒等宣传。

参加公益活动，我们一般能做的就是去孤儿院、福利院及老人院做义工，最好选择大型节日，比如春节、端午节和中秋节这些阖家团圆的日子，因为在这些日子里，他们这些弱势群体最需要别人的关心。还有平时的周六周日这些地方都会接受外来义工的帮助。

当然，做义工也不是你们想去就能去的，毕竟社会人员复杂，有些帮不了忙反倒误了事。首先你们要到社区去报名注册社区志愿者。注册成为社区志愿者后留下你们的电话号码，还有说明你的特长，你所能干的事情，你们一般什么时候有空闲时间，之后会有人通知你谁需要你们的帮助。

当然如果不想去社区报名的话，可以自行查找本地孤儿院、老人院的电话，直接与院方联系，他们会安排你们该做的事情。你们也可以问问老人院需要一些什么样的物资，如果在自己能力之内，可以帮助他们，也可以自己决定买些衣物之类的礼物送给老人。

福利院和孤儿院也是如此，要先知会院方，让他们做出合理的安排。

我们经常会听到"助人自助"这个词，是说帮助别人实际上也是在帮助自己。每个人某些时间在某些方面——比如金钱、健康、心理、年龄等都有可能暂时处于弱势，因此，对"弱者"的关怀和公共环境的改善，就是在改善我们每一个人的社会处境。

帮助别人的同时，我们自己也会感到心情愉悦，开心快乐。其实公益就是与人方便，让别人轻松开心一点。相约一起去做公益活动，何尝不是一次关爱对方的方式。情侣们，请在甜蜜的恋爱之中关心一下周围，世界将更和谐美好。

1. 不要盲目地跑去孤儿院、老人院，不管是去哪里做义工，应该有组织，让对方知道你要去，才会有所安排，要不然很容易造成混乱，反倒影响了他们的生活。

2. 公益不是怜悯，更不是施舍，公益也并不在于我们是否拥有，而在于我们是否意识到对社会的关怀。更多的时候，公益精神体现的就是一颗平常心。换句话来说吧，公益不是一种姿态和地位，更不是一种高高在上的荣誉，做公益活动切不可有高姿态，不能有仿佛自己就是比他们幸福的心理。

3. 如果是去寺院做义工，会很辛苦，不能挑工种，安排你做什么就得做什么，寺院是有讲究的地方，如果去做义工要注意积福和损福的一些事项。

海底世界

享受海底世界的独特魅力
欣赏最可爱的海洋生物
观看最浪漫的海底婚礼

对于我们人类来说，有两个地方是世上最神秘的，人类到现在都无法完全掌握的，那就是宇宙和海洋。

海洋，全世界的海洋占地 3.6 亿平方公里，约占地球表面积的71%。海洋下面的生物到底有多少，现在人类只怕也无法知晓。

最近因为南极冰川的融化，原来在冰川下面的海洋生物暴露出来，科学家发现了许多人类不曾见过的海洋生物。海洋对人类来说，真是太过神秘了。

作为我们这样的普通民众，也不可能像科学家一样去做研究，接触海洋的机会少之又少，但我们一样对海底的生物充满好奇，所以现代社会就有了人工的海底世界。

海底世界，也就是水族馆，里面有成千上万种的海洋生物，都是我们平时所没见过的，放在有机玻璃的水箱里，供人们观赏。

这么美丽而神秘的生物，我们怎么能错过呢，所以约会的时候一定要带着 TA 去海底世界和生物们来次亲密接触。

海底世界的门票各地都不一样，一般在几十块，最多不过百元左右。买好票就进入吧，门口会有一些关于馆内的地图，上面会写有各种表演的时间，同时注意听广播，广播有时候会通知何种表演要开始。

进入海底世界首先看到的是主水体，这是一个很大很大的水族箱，里面放养的是上万种海洋生物，主水体是欣赏海洋生物的最佳场所，错过别的也不能放过这个水族箱。

海底世界一般都会有海底隧道，里面会有自动步行梯，游客们只需要站在步行梯上驻足抬头参观就好了，你会看到各种各样的生物从你头顶游过，还有鱼儿从身边溜过，就仿佛自己置身在龙宫之中，与它们是如此的亲近。

主水体的海洋明星就是那些巨大的各种鲨鱼了，护士鲨、豹纹鲨、日本须鲨、黑鳍鲨、白鳍鲨都有，不过不用害怕它们，展出的鲨鱼都是比较温顺的。

海底世界除了主水体里的这些海洋生物之外，最当家的明星还有五彩缤纷的各色植物！各种漂亮的热带观赏鱼在五彩缤纷的珊瑚中，在色彩鲜艳的各型海葵造景的水族箱中游荡，甚是美丽。

模拟一个惟妙惟肖的海底世界，完全靠巨大的珊瑚礁生物群，有了它们才能把神秘莫测、绚丽无比的海底世界生动，逼真地展现给我们看，所以整个海底世界，你可以在许多大大小小不同的水族箱里见到它们。

而那些在珊瑚中穿梭的观赏鱼更是会让你们眼前一亮，海底世界的观赏鱼也是多不胜数，它们形态奇特，体色艳丽。有雍容华贵的神仙鱼，俏皮可爱的小丑鱼，外形奇特的刺尾鱼，憨态可掬的炮弹鱼，等等。珊瑚是千万热带鱼儿的家，它们亲密互惠，彼此依赖，形成了海底独具特色的风景线，让人流连忘返。

不要以为海洋世界只是光欣赏这些海底生物，它还有更为刺激的"人鲨共舞"的表演。潜水员身着先进的潜水设备，手持鱼食，吸引各种鱼类来到他们身边。最先来到旳是各种小型的集群洄游性鱼类，它们吃的是碎的鱿鱼颗粒。鲨鱼闻到了食物的气息也游过来了。它们凶猛无比、体躯庞大，但是经过潜水员的驯化后，变得十分温顺听话。

潜水员是鱼儿最亲密的朋友，刚一出场便被大大小小的鱼儿团

团围住。这些海洋剧场里的小演员上下穿梭，争抢潜水员带来的美味佳肴。护士鲨、豹纹鲨也会来凑热闹，在游客们的欢呼声中，它们摇头摆尾，六七条体躯庞大的护士鲨从四面八方团团围住潜水员，让看客们都为他们捏一把汗。

鲨鱼们簇拥着潜水员绕场一周，跟随潜水员做出腾挪、旋转、倒立、翻滚等各种高难度动作。护士鲨张着大口，刹那间，潜水员手中的鲅鱼被吸进了口中，引来游客们阵阵热烈掌声。

除此之外，海底世界还会有科普馆，在那里可以了解海洋生物，并且增加对海洋的了解。有的海底世界还有生物标本馆。

　　海底世界有一样最最浪漫的事情，可以用在你们将来准备走进红色殿堂的时候，那就是最为浪漫的海底婚礼！在梦幻神奇的海底，新郎用珍贵的项链"海洋之心"向自己的心上人求婚，让百年金龟见证自己对爱情的海誓山盟，海底世界轻盈亮丽的美人鱼为新人送上祝福的花环，新郎新娘在幽蓝的海水里"比翼双飞"。

　　这些，你以为只是存在于童话故事里吗？不！现在，这些浪漫、新奇的情景已经在各大海底世界馆里成为现实中的婚礼场景。

　　在青海的海底世界里就能完成一场这样的婚礼！"海底婚礼"仪式流程包含"海底求婚"、"海底寻宝"、"海誓山盟"、"金龟见证"、"海底拥吻"等十个环节，象征着新人的婚礼十全十美。

　　想拥有一次这样的婚礼吗，肯定想呀，谁不想呀！谁不想谁傻蛋你们说是不是。当然这样一场婚礼银子肯定要得很多，所以为了以后的浪漫，情侣们好好奋斗吧！

　　"先生，你愿意娶身边这位美丽可爱的公主为妻吗，不管以后贫穷还是富有，每年都会带她去海底世界？""我愿意！"

　　"女士，你愿意嫁给身边这位英俊潇洒的先生吗，不管以后富裕还是贫穷，每年都会陪他去海底世界？""我愿意！"

　　……

1. 海底世界的水族箱一般都是亚克力玻璃，这种有机玻璃虽然耐压性好，透明度高，很适合用作展示窗口，但是也有硬度不高怕划的特点，所以一定不能用手和硬物去划。

2. 海底世界的门票一般只有当日有效，过期就会作废，所以买了门票就得进去，别想着有事下次再来，那就浪费了。

图书在版编目（CIP）数据

带TA去疯/雾连洛编著. —武汉：武汉大学出版社，

2014.1(2019.8重印)

ISBN 978-7-307-11850-8

I.带… II.雾… III.恋爱－通俗读物 IV.C913.1－49

中国版本图书馆CIP数据核字（2013）第229862号

责任编辑：陈　岱　　责任校对：王　燕　　版式设计：吕　伟

出版发行：**武汉大学出版社**　　（430072　武昌　珞珈山）

　　　　　（电子邮箱：cbs22@whu.edu.cn 网址：www.wdp.com.cn）

印刷：阳谷毕升印务有限公司

开本：880×1300　　1/32　　印张：8　　字数：150千字

版次：2014年1月第1版　　2019年8月第2次印刷

ISBN 978-7-307-11850-8　　定价：42.00元